黔茶这十年

Ten years' Miracles of Guizhou Tea

袁小娟 著

贵州科技出版社

图书在版编目（CIP）数据

黔茶这十年 / 袁小娟著 . -- 贵阳 : 贵州科技出版社，2020.4（2020.12重印）

ISBN 978-7-5532-0826-8

Ⅰ . ①黔…　Ⅱ . ①袁…　Ⅲ . ①茶叶—产业发展—研究—贵州　Ⅳ . ① F326.12

中国版本图书馆 CIP 数据核字（2019）第 282873 号

黔茶这十年

QIANCHA ZHE SHINIAN

出版发行	贵州科技出版社
地　　址	贵阳市中天会展城会展东路 A 座（邮政编码：550081）
网　　址	http：//www.gzstph.com
出 版 人	熊兴平
经　　销	全国各地新华书店
印　　刷	贵阳新华印务有限责任公司
版　　次	2020 年 4 月第 1 版
印　　次	2020 年 12 月第 2 次
字　　数	252 千字
印　　张	13.75
开　　本	710 mm × 1000 mm　1/16
书　　号	ISBN 978-7-5532-0826-8
定　　价	68.00 元

天猫旗舰店：http：//gzkjcbs.tmall.com

序

手捧《黔茶这十年》厚厚的稿子，沉甸甸的。喝了四杯茶，哈了三口气才读完，好生了得。袁小娟自己说从当初的『「长裙长发」文艺女青年被改造为茶区「邋邋遢遢铮铮铁骨女汉子」』，虽夸张了些，但她从不知天高地厚的青涩记者，陶冶成一个有功底、有韵味的作家的事实，却被她自己忽略了。

作家者，专门从事文艺创作，并有作品流传千古者。这本书出版之日，袁小娟就在记者与作家的门槛上。

我承认我对少数记者有偏见，他们有他们的新闻眼睛，有他们的敏捷大脑，还有现代化手段，但他们免不了有应时、应景、应人的文章。媒体的特点，哪能信马由缰？客体的喜好，『溜须拍马』，时代呼唤，应歌颂为主。过多应、迎、隐、映，丢掉客观事物的本真。作者自由度则宽泛得多。一部好作品，靠的是对生活的积累，袁小娟的积累何其不简单：你看，她去了很多高山，敢于与野猪为伴；积累了大海，让她眼界宽阔无边；积累了城市，灯红酒绿下『悠然见南山』；积累了乡村，茅草屋里吃饺子，吃得翻肠倒肚；积累了露水，脚下天地更广阔；积累了背篓，背上的力量更坚实。特别是对人物的积累，700多万亩[①]（46.67万公顷）茶山，上上下下、里里外外都是人，人物众多，可与《红楼梦》里四大家族媲美，比《水浒传》一百单八将还多。有伟大的科学家陈宗懋、宋宝安、刘仲华，也有普通茶人威宁炉山茶农蔡定常、雷山森林中的小毛毛；有政界王富玉、李军、禄智明，还有商界王晓春、明涛、孙德礼；有九十高龄老巴巴（爸爸）牟应书，还有吊在妈妈背上不知名小丫丫；有百年老店吴裕泰，也有初出茅庐野鹿盖；有古老茶圣陆羽、词人黄庭坚，也有今人当代大家吴觉农、张天福。文章还专门写了国内茶企、世界红茶鼻祖正山堂，云南滇红、普洱茶，也没有忘记带一句印度阿萨姆、美国星巴克；讲了洋人勃鲁士、林德雷故事，也专述了国内茶人李联标、卢其明的执着；写了人家，也写了自己。人物都以白描手法，寥寥几笔，跃然纸上，或生动活泼，或坚韧不拔，或聪明睿智，或死磕硬碰。唯一一人稍欠手法，即关于胡继承的描写，篇幅不少，鲜活欠佳，这个开口骂人傻、闭口又说人牛的『家伙』，像他自己的形象一样，笔下显得干瘪无力。殊不知，贵州700多万亩（46.67万公顷）茶除省委、省政府正确决策，省领导正确领导外，胡继承发挥了不可替代的作用，一张嘴骂出了一片新天地。

一路沧桑一路歌，一路鲜花一路果。

时代成就了贵州茶，这本书成就了黔茶这十年，生活成就了袁小娟。此书出版之际，向所有茶人致敬，给袁小娟点个赞，是为序。

傅传耀

2019年12月

（傅传耀：贵州省人大常委会原副主任、省茶文化研究会会长）

---

①亩：非法定计量单位，1亩≈666.67平方米，1公顷=15亩。

目录

第一章 布局——懂得未来 |1

贵州未来是什么？ |5

贵州产业革命从何着笔？ |7

第二章 贵州茶 中国茶 世界茶 |13

世界茶原地之争 贵州的贡献 |20

打开中国现代茶业第一扇大门 |23

第三章 一场调研 一场『革命』 |31

省内行 外地人创业的热土 |35

省外寻访 贵州茶之路 |38

以川茶为师 发展无性系奠定标准化 |40

千万次追问何以为茶产业 |44

第四章 从全国第十一到第一 路有多长 |55

与天地死磕 历经风霜雨雪 |66

未来有多远 困局就有多深 |72

第五章 工业化的探索 贵州极速前行 |83

第六章 最严标准之路 |111

第七章 贵州冲泡？什么玩意儿 |123

怎么泡好贵州茶？是个大问题！ |129

这算哪门哪派？ |133

怎么推广？事关培养未来 |138

第八章 出产平价茶王的斗茶赛 |143

第九章 十年铸剑 中国第一个省级茶叶地标 |159

贵州绿茶那些往事 |163

贵州绿茶如何练就 |165

第十章 干净就是竞争力 |171

结语 茶山如画 贵州春味长 |191

后记 一路沧桑 一路歌 |205

第一章 布局——懂得未来

◆ 2015 年 4 月 9 日，贵定云雾山。老人一天靠卖茶青收入将近 100 元。一提到茶，她就开心地笑。家里的老茶树都看了几十年了，终于可以卖个好价钱了　摄影：张玥

◆有高山杜鹃的地方就有贵州茶

“6号文件是我看到过写得最好的做产业的文件！” 2007年初，时任遵义市委书记的傅传耀迫不及待地打电话给时任凤冈县委书记的王贵。

6号文件指的是2007年3月贵州出台的《关于加快贵州茶产业发展的意见》（简称“《意见》”）。

《意见》“干货满满”，切中贵州农业产业化发展的要害，被认为是贵州茶产业发展的新起点，引爆了一场长达十年以及更长时间的产业探索，吸引了480万农民汇入贵州茶产业大河。

十年间，贵州人刷新了贵州茶历史，也为中国茶历史留下鲜明而充满贵州自信的“印迹”。

◆2014年7月23日，贞丰县龙场镇坡柳村。51岁的聂中碧正忙着做贞丰娘娘茶

贵州茶产业从茶园面积 102 万亩（6.8 万公顷）排行全国第十一名起步，贵州干到茶园面积 700 多万亩（46.67 万公顷），连续五年全国第一，面积占全球茶园面积的 1/10，中国茶园面积的 1/6。创建国家级出口茶叶质量安全示范区 9 个，占全国 1/4，位列全国第一。

贵州茶出口做到烟酒出口之后第三位，创造了去除繁文缛节谁都能 10 秒泡一杯好茶的“贵州冲泡”，拿回中国第一个省级茶叶地标“贵州绿茶”，开启贵州“世界抹茶之都”征程……

2017 年底，贵州茶产业交出了傲人的成绩单：涉茶人员的年人均收入达到 8840 元。带动贫困人口 49.85 万人，脱贫人数 16.11 万人，涉茶贫困户的人均年收入达到 4855 元，人均年收入增加 2400 元。①

多年前，因茶致富的湄潭县茶农自豪地在白墙上刷下一行字：走！到湄潭当农民去！如今，他们又在白墙上加了一条：我是一个幸福的农民！

十年前，傅传耀因提出遵义要做百万亩茶园的意见一度陷入争议的漩涡中。

百万亩？！那是在贵州山区发展农业的人们不敢想象的数字。

①李裴，胡继承. 贵州茶产业发展报告（2017）［M］. 贵阳：贵州科技出版社，2018：2.

贵州未来是什么？

2007 年贵州茶产业布局时，没人预见过这样繁星闪闪的未来。彼时，西南一隅的贵州人思考得最多的问题是困扰已久的脱贫致富，尤其是如何减少农村贫困人口共同奔小康。

这里是中国扶贫攻坚的主战场。

贫困长久成为贵州的标签。哪怕 5 年后，也就是 2012 年 1 月，“国发 2 号”文件——《国务院关于进一步促进贵州经济社会又好又快发展的若干意见》中依旧明确指出：“贵州是我国西部多民族聚居的省份，也是贫困问题最突出的欠发达省份。贫困和落后是贵州的主要矛盾，加快发展是贵州的主要任务。贵州尽快实现富裕，是西部和欠发达地区与全国缩小差距的一个重要象征，是国家兴旺发达的一个重要标志”。

文件的出台既鼓舞了贵州，也让长期处于贫困中的贵州汗颜不已。

文件出台前一年即 2011 年，中国各省（自治区、直辖市）人均国内生产总值（GDP）排名，贵州倒数第一，人均 6742 元，是上海的 1/10。省会城市贵阳 GDP 1383 亿，虽然在省内排第一，但在全国排名一百名开外。

谁也没有料到，文件出台后，抱着“后发赶超”决心力争“又好又快”跨越式发展的贵州一路狂奔，在全国 GDP 排行榜习惯从倒数开始寻找的贵州

◆贵阳茶店小学学生认真地学习茶艺

◆石阡龙塘苔茶示范园区

人一路拼杀到全国瞩目的位置。

2018 年 4 月 18 日，贵州省统计局发布贵州省 2018 年一季度主要统计数据情况，初步核算一季度贵州地区生产总值 2904.79 亿元，比上年同期增长 10.1%，增速高于全国水平（6.8%）3.3 个百分点，增速连续 29 个季度位居全国前列。

2018 年五四青年节这天，QQ 大数据发布《2018 全国城市年轻指数》，贵阳超越深圳，排名全国第一。

对于这个贵州“未来”，过去没有多少人预见到。就像当年在贵州发展大数据产业没人敢相信一样，如今贵州在大数据经济上的“逆袭”成为国内外津津乐道的奇迹。

近年来能让马云、马化腾、李彦宏、雷军、周鸿祎、郭台铭……这群大佬聚首的地方只有三个，其中之一便是贵州这场中国国际大数据产业博览会。

马云在 2018 中国国际大数据产业博览会的演讲以扶贫为核心。他最希望看到的是今天如何让土地增值，让农民回到家乡变成农业工，形成真正的农业产业。这位依靠互联网革新了营销模式的“马爸爸”相信贵阳乃至贵州是未来中国最有意义和最富有的地方之一——因为他们懂得未来，他们有畅言，他们愿意去努力，他们敢于挑战别人不敢做的事情，这也是脱贫和扶贫最大的希望所在。

马云原本没有打算发表演讲。也许是因为在发展道路上，同样经历明知不可能而为之，同样体验布局未来的漫长孤独，同样经受过挫折“钝刀割肉”式疼痛，同样实现把不可能变成可能的“惺惺相惜”，让他起身面向全球分享对贵州的看法。

如果说大数据让全国人民深刻了解到贵州预见和追逐未来的能力，那么起步更早的贵州茶产业，何尝不是如此？

贵州产业革命从何着笔？

贵州是中国烤烟种植大省，改革开放以后，农村经济主要靠烤烟。20 世纪 90 年代初，国家开始大面积减少烤烟种植，贵州不得不思考以什么新产业来替代。

当时民建贵州省委主委的王录生赴湄潭和凤冈两县调研时，发现当地种茶的农民不仅靠茶叶解决了温饱问题，部分农民还有了一定的积蓄。于是，王录生开始深入关注茶叶给农民带来的实惠。随后，他经过了长达一年的调研，深入湄潭、凤冈、都匀、贵定等主要产茶区，所到之处，凡是种茶的地方，农民收入普遍较高。

王录生是浙江人，每次回浙江探亲，都发现浙江茶产业在快速发展，一年一个新变化，仅新昌一个县年产值就达 10 亿元。随着经济的发展，人们生活水平的提高，茶产业得到了快速发展，茶叶收入已成为很多地方农民的主要经济来源。

调研中，他发现其实贵州不少产茶县已经主动加大了茶产业的发展力度，凤冈、湄潭、都匀和贵定等每年都举办各种茶事活动。一些原来小规模发展的产茶县，如凤冈和纳雍等地举全县之力大力发展茶产业。

当时有些地方已经铆足了发展的劲头。2006 年 5 月 18 日，“中国西部春茶交易会和第二届贵州省茶文化节”在湄潭举行。那天预计各路茶商会有 300

◆贵州抹茶一开始就定位为世界抹茶『C位』

人到场，实际到了350多人。预定下午3点开幕，县城群众早上8点就在山坡上“候场”，一位家住在远离县城30多公里乡下的86岁老太太也赶来参加。[1]

但当时贵州茶产业发展与周边省区相比明显慢了一拍，产业情况也并非一路叫好。

贵州与云南茶产业发展曾经旗鼓相当。云南茶产业提速较快，到2006年，茶园种植面积已达300余万亩（20余万公顷），产值达200亿元，远远超过云南省政府当初规划的100亿目标。同年，四川省茶园面积已达425万亩（28.33万公顷）。湖南的茶园规模也超过250万亩（16.67万公顷）。

再观省内销售市场，贵阳一向是全省茶销售的桥头堡。贵州茶城的上百个门面经营的普洱、铁观音和大红袍等外省茶叶，占了“半壁江山”。2006—2007年，正是普洱茶炒得最热的时候，茶城以卖普洱茶为主的茶商更多。贵州茶只有春茶上市那段时间火爆。

冷热两重天。利弊自衡量。

从2007年起，认准了路子的贵州人以茶拉开了一场旷日持久的产业发展探索，凝聚了贵州人对农业产业化的深入思考以及蹚出一条中国茶产业发展新路的决心。

征程中，为天下人做一杯“大众干净好茶”，全球共享一杯绿色好茶的目标逐渐清晰和更为坚定。在中国传统的历史名优茶道路外，贵州茶竭力另辟一条大众好茶的路子，做干净茶、挣干净钱、做干净人，试图推动中国茶叶“新文化运动”。

2013年贵州以茶园面积611万亩（40.73万公顷）拿下全国第一，积累了规模后，从全产业链审视贵州茶产业发展，审视中国茶产业发展，制定《贵州省茶产业提升三年行动计划（2014—2016年）》（简称“《三年行动计划》”）升级茶产业。

贵州更为坚定地向大众干净好茶之路奔去。

时任贵州省委副书记李军负责抓茶产业，远到北京马连道茶叶市场，近到湄潭和贵阳等茶叶市场调研，买书学习，泡茶馆了解销售，召开各种座谈会听取意见和建议。大到为制定《贵州省茶产业提升三年行动计划（2014—2016年）》定方向、改思路，小到为宣传贵州茶广告词逐字修改，他都倾注心血。

---

①李金顺.黔山茶话［M］.贵阳：贵州人民出版社，2010：297.

当时贵州省茶产业联席会议办公室（简称“省茶办”）经常灯火通明，广招涉及茶产业链方方面面的相关人士进行讨论。各路茶企相当踊跃，听到消息主动来的不少，讨论汇集了50多家茶企。《三年行动计划》中金融行动计划，是几个金融部门专家写的。《三年行动计划》中品种那一章是中国农业科学院茶叶研究所（简称“中茶所”）专家撰写的，邀请了许多新闻媒体的记者探讨相关宣传策略。

笔者至少参加过4次夜间讨论。讨论的重点问题包括贵州原料、贵州制造、贵州标准、贵州品牌和贵州茶产业发展前景等方面，核心离不开怎样为大众做好茶。

从2006年到2010年，贵州喜欢去全国的茶叶行业“刷存在感”，热衷于参加各类茶叶的评奖活动，三分之一或者二分之一的金奖都被贵州人抱走了。大家认为专家信赖的大众也可以信赖，最后大家却发现“金杯银杯不如老百姓口碑”，好东西要普及出去。

历时半年，2014年《贵州省茶产业提升三年行动计划（2014—2016年）》终于出台，从“品牌创建、市场拓展、加工升级、基地建设、质量安全、科技人才、金融服务、文化宣传”等八个方面，对提升未来三年贵州省茶产业进行了全面的安排部署。

计划到2016年，贵州省建成茶园面积700万亩（46.67万公顷）以上，其中投产茶园500万亩（33.33万公顷），培育加工企业3000家以上，茶叶年产量27万吨，茶产业综合产值超过500亿元，茶农人均茶叶收入达到1000元，打造2个以上全国知名品牌，培育5个以上有一定知名度的品牌。

也就是说，贵州更有雄心壮志要建成国内面积第一、产量第一、质量安全第一的茶叶原料基地，率先在茶产业打造无公害农产品、绿色有机食品第一产业大省。

要做大众好茶就必须加工升级，以清洁化、标准化和规模化为发展方向，加快推进茶叶初制、精制分工进程，形成“初制标准化、精制规模化、拼配数据化”格局。通过三年努力，着力培育10家黔茶产销联盟（企业集团），重点扶持3000家初制加工企业、60家精制加工企业、50家精深加工企业，实现加工年产值250亿元以上。

在干净上把控好就得建立最严厉的质量安全监管制度，实现茶叶国际、国内质量安全检测合格率100%。

贵州省委、省政府领导高度重视，时任省委书记赵克志在《三年行动计划》上批示“很好”；时任省长陈敏尔批示“我觉得这个文件可以，比较系统扎实，为发挥文件效应，可在适当时再开一个茶产业发展大会，进一步落实上次克志书记讲话精神，突出抓好骨干品牌、龙头企业、示范基地，大大地提高贵州茶叶的市场竞争力”；时任省委副书记李军批示“用三年左右的时间将都匀毛尖、湄潭翠芽、绿宝石、遵义红打造成中国知名品牌”。

为实施《三年行动计划》，贵州强化了贵州省茶产业联席会议办公室的职能，由贵州省政府分管副秘书长任办公室主任，省农委分管领导任办公室常务副主任，省发改委、省经信委、省财政厅、省扶贫办、省商务厅、省农科院、省供销社等部门分管领导任办公室副主任，从省有关部门和茶区抽调

C05
2010年12月29日 责编：张卫东
给力黔茶

王富玉：
贵州发展500万亩茶园目标不动摇

高端决策

图为省委副书记王富玉（中）出席2009年贵州国际绿茶博览会，与来宾交流。

20 人集中办公。省财政三年内安排 10 亿元由省茶办统筹安排支持省茶产业提升三年行动。

省茶办成了贵州茶产业发展的一面鲜明旗帜。工作人员深入基层，为贵州茶农茶企提供大量贴心细致的服务，呵护产业成长。省茶办王丽军处长因此被业界亲切地称为“王娘”。“王娘”是贵州茶企活字典。哪家茶山管护好，哪家制茶技术好，哪家包装不行，她清清楚楚。甚至只是茶企厂房做茶的小女孩小男孩，她都能叫出名字。茶园虫害、管护有困难、加工没技术……茶农茶企的老板都喜欢打电话事无巨细向她求助。“王娘”总是带队一项项解决，踏实深入又温情地服务。

与《三年行动计划》一起响彻贵州茶界的还有一首意境深远的歌《贵州茶香》。在 2014 贵阳国际农产品交易会暨绿茶博览会上，词作者李军深情地说：“本来想当‘地下者’，今天讲出来，实际上是我对贵州茶的优势和特点的一个思考。为做好茶产业的广告宣传，我观看并研究了很多优秀的广告片，特别是央视关于茶、酒、中药材的广告，对贵州的宣传广告。传播贵州茶香，贵州茶真香的意境，旨在让大家更贴近了解贵州茶，爱上贵州茶。”

《三年行动计划》让大家干事底气更足了，胆气更壮了。

此时，贵州茶产业发展的“梦想”升级为做最优秀的茶园，发展第一流的加工企业，第一流的集群，第一流的科研所，第一流的大学，第一流的化肥厂，第一流的装备制造产业基地。

具备这些要素，何愁不能为天下人提供一杯干净好茶。

经过面积扩张后，贵州茶产业不仅要为贵州贫困人口解决生计问题，实现贵州农村最美最富是茶乡的凌云壮志，而且怀揣了更远大的理想——促进

◆2015 年贵州邀请全国网络媒体深入产茶县宣传

西部开发报

茶

权威 深度 专业 专注

本期关注

坚持与守望

——写在贵州连续5年组团参加北京国际茶博会之际

中国茶业界业态改变，掀起一场茶的“新文化运动”。

尽管一路上下求索，道阻且回，走得磕磕绊绊，然而这十年，贵州茶刷破了历史的种种“新高”。

澳大利亚作家考琳麦·卡洛曾在《荆棘鸟》一书中写过一种命运：“有一种鸟，一生只唱一次，歌声让世上所有一切生灵的歌声黯然失色。它一生都在寻找着那株能让自己歌唱的荆棘树，直到如愿以偿。然后，它把自己的身体扎进最长、最尖的棘刺上，在那荒蛮的枝条之间放开了歌喉。”

整个世界都在静静地谛听……因为最美好的东西只能用深痛巨创来换取。

2018 年 5 月，笔者在杭州参加第二届中国国际茶叶博览会期间采访了国家茶产业技术体系经济研究室主任、杭州龙冠实业有限公司总经理姜爱芹。“最初大家都怀疑贵州大规模发展茶产业能走多远。因为当时有种观点是中国茶产业发展产能过剩，新茶区要一夜之间创出品牌很难，尤其是前面有那么多的历史名茶。但这么多年看下来，贵州独辟蹊径走了一条大众干净好茶的新路。绿茶‘干净’是对生产方式的解读。清清白白做干净人挣干净钱，这些提法都让人耳目一新，并很符合当下。”姜爱芹评论道。

80 多岁贵州茶界老专家朱志业和 53 岁贵州茶界知名企业家张卫国参加 2018 贵州省茶叶科技年会时感叹道：茶产业发展之初来开会的人穿的都是球鞋，他们多半是茶农兼技术员，方便下地干活。现在来参会的人都穿皮鞋，在更高层次探讨科技。以前大家都是搭车来风尘仆仆，再后来卖茶有点钱了，纷纷开个面包车来。现在一眼望过去，全是好车啊。这说明贵州茶产业发展之快，大家都切切实实受益。

山有巅峰，能穷尽。

茶达巅峰，无穷尽。

第二章

贵州茶 中国茶 世界茶

◆黔西南晴隆县彝族小姐姐们采茶　摄影：陈亚林

2007年，中国茶寻找在世界重铸辉煌的位置。2007年，贵州茶寻找在中国铸造奇迹的位置。这一年，中国茶界正在酝酿借即将到来的北京奥运会达到发展的又一高峰。2007年，中国和世界之间的关系变得更耐人寻味。

电视政论片《大国崛起》正在热播，这部12集片子解读了15世纪以来9个世界性大国崛起历史，探究其兴盛背后的原因，分别诠释了各大国500年的兴起史，为中国现代化发展进一步寻找镜鉴，意在“让历史照亮行程”。

《国际先驱导报》推出的封面报道“中国人误读的世界”一度成为中国网民热烈探讨的话题。

与此同时，十七大报告首次提出了“生态文明”理念。八国集团峰会把气候变化列为会议的突出重点，就环保问题向中国施压。

世界融入中国与中国融入世界，环保与GDP，每个正题都存在恼人的反题，契合中国人“祸兮福所倚，福兮祸所伏”的观念。

当然，中国人更多还是兴兴头头沉浸在《北京欢迎你》的喜悦中。这首“同一个世界 同一个梦想”为主题的奥运之歌点燃了大街小巷民众的热情。“我家大门常打开”的开放成为共识。

也因为迎接第二年——2008年北京奥运会，

◆ 2015 年石阡举办苔茶节

中国茶在这一年表现出蓬勃旺盛的精力，“花枝招展”，不断向世界展现东方这片神奇的树叶在古老中国的新活力。

2007 年 3 月，在俄罗斯首都莫斯科，普京总统收到了来自中国的国礼茶，由传统 10 大名茶中的黄山毛峰、太平猴魁、六安瓜片及现代工艺造型茶黄山绿牡丹组成。

这不禁让中国茶人再次回忆起中国茶在那片国土上昔日的辉煌。

1567 年，中国茶便由哥萨克人伊万・彼得洛夫和皮那什・亚里舍夫两人传入俄国。1618 年，中国使者赠送少量的茶叶给沙皇做礼物。17 世纪中叶，中国茶在俄国已非常普遍，同时传入西欧。俄文“chai”由中国“茶叶”二字演变而来。

最初所有的茶叶都由俄国政府的商队运往俄国。1735 年，伊丽莎白女王建立自己的私人商队，但当时中国茶的价格便高得有些离谱（1735 年时每磅 15 卢布），仅宫廷贵族或官吏才有能力购买。

为了得到来自中国的神奇树叶，俄国人心甘情愿付出了今日难以想象的艰辛，运送俄国的中国茶叶经水路运达天津后，由马和骡驮载越过山岭到张家口再改用骆驼，这是一段横穿 800 里[①]（400 公里）戈壁沙漠的艰苦旅途，全程最危险的部分，但已经是到达恰克图的捷径了。每一次，俄国的商队带着 200 至 300 匹骆驼组成的巨大商队横穿 800 里（400 公里）戈壁沙漠，每匹驮四箱茶叶，每箱重约 16 普特（约

①里：非法定计量单位，1 公里 =2 里。

600 磅）。它们以平均每小时 2.5 英里每日约 25 英里的速度前行。

俄国人需要花费 16 个月，行走 11 000 英里，才能带回中国的茶叶。

直至 1900 年，符拉迪沃斯托克到俄国的铁路完全通车时，商队才彻底绝迹了，铁路运输仅需要 7 周。

大漠孤烟直，长河落日圆。黄沙漫漫，危机四伏。唯有声声驼铃指引方向。

由此可见中国茶的珍贵。由此可读懂一片神奇的东方树叶的世界语言。

在国际五环旗的召唤下，中国茶踌躇满志。

日本借助 1964 年东京奥运会，把寿司推向了世界；韩国借助 1988 年汉城奥运会，把泡菜推向了全球。甚至到 2007 年，韩国泡菜每年保持 40 多亿美元的出口额。

中国茶界自然围绕奥运会狠下功夫。这年，北京奥运经济研究会茶产业专家委员会成立。为了在国际舞台宣传好中国茶，中国茶人绞尽脑汁制作了“奥运茶”，奥运茶火炬由中国传统六大茶类为代表的绿茶、青茶、红茶、黑茶、黄茶和白茶制作而成，在全国部分地区进行传递。北京老舍茶馆推出五环茶礼。湖南白沙溪茶厂制作支重 2008 两、高 2008 毫米的千两茶[1]。

2007 年 11 月 3 日，“中国申奥第一茶”诞生，全国建立了 6 个“申奥第一茶”生产基地。在奥运会倒计时 500 天，云南省宁洱哈尼族彝

①千两茶：黑茶，以每卷（支）的茶叶净含量合老秤一千两而得名。

◆茫茫深山今已处处茶园

族自治县哈尼族茶农白荣华挑着20斤[①]（10公斤）重的4个“困鹿山金瓜贡茶”和行李从云南花了1199天徒步走到北京。

不过，中国茶界浓烈张扬的“奥运风”似乎并没有吹进西南边陲群山环绕的贵州。贵州茶人还在埋头拉车的路上，他们谋动着在中国茶未来分一杯羹，只专心经营着眼前的那一亩三分地。

事实上，贵州这片被长期贴上“落后闭塞”的土地，算得上是地球生命的源头，是无数“幸存者”最温暖的家园。

这片土地上，从海百合、中国龙、瓦窑龙到贵州鱼龙……从古无脊椎动物、古脊椎动物到古植物，涉及20多个门类200多个科2000多个属（亚属）4000多个种（亚种）的古生物群在不同时期，同一片天空下活跃，遗留化石，纪念自己流星一般划过地球的生命轨迹——很久很久以后，有些化石一度成为当地村民房屋最寻常的装饰品，甚至脚下石阶。贵州有迄今为止发现的全球最古老的生物化石——贵州瓮安古生物化石群，距今5.8亿年。[②]贵州也曾是地球最早陆生植物——黔羽枝的最后避难所。

①斤：非法定计量单位，1公斤=2斤，1斤=500克。

②罗庆芳．黔茶历史［M］．北京：华龄出版社，2017：11.

距今 4.4 亿年以前，地球发生了一起生物灭绝事件。南极出现的大规模冰川导致海水降温，海平面下降陆地上升，许多生物遭受灭顶之灾。然而贵州省凤冈县的洞卡拉，冰川影响不明显，给了“幸存者”家园。

如今满山青翠茶树的洞卡拉，那时是一片幸福的海湾，风平浪静——也许不远处传来漫天绝望的哀号，海滩上的植物依旧肆意招摇。其中一种植物没有叶片，只有羽状扁平枝条，高度不到 1 米。它们时而没入湛蓝的海水中，时而露出水面，形似今天的蕨类植物，与水嬉戏。

后来，它们成为世界上最早的陆生植物“黔羽枝”化石。这个最古老的维管束植物为研究茶树起源提供了新视点。

这片动植物的温暖家园也以戏剧化的方式证明自己世界茶原地的身份，在世界茶格局中为中国茶扳回一局。

◆古茶树保护和开发　摄影：张玥

世界茶原地之争　贵州的贡献

话说1823年，入侵印度的英军勃鲁士（R. Bruce）少校在中印边界萨地亚（Sadiya）山中发现了一棵高约13米的类似野生状态的大茶树，1824年其兄勃鲁士（C. A. Bruce）在赛比萨加（Sibsagar）也发现了类似野生大茶树。

1838年，勃鲁士突然印发了一本小册子，以他发现的印度野生大茶树断言：茶树的原产地在印度。

勃鲁士的论断立刻在国际学术界引起了关于茶树原产地的争论。英国学者贝尔登紧随其后，在其撰写的《阿萨姆的茶树》一书中，认为世界茶树的原产地在印度。他的观点又得到了美国学者布莱克、布朗、伊伯逊、林德雷，日本的加藤繁等人的呼应。

林德雷甚至根据日本的神话传说，认定茶树是571年由天竺（今印度）僧人带来中国的。美国学者乌克斯则提出茶叶原产地的“多源论”，他在自己的《茶叶全书》中提出：“凡自然条件有利于茶叶生长的地方都是原产地。”同时指出原产地包括印度、中国、缅甸及泰国等。

一向视自己为世界茶原地的中国人自然极为愤怒，举例在公元前200年，《尔雅》中就记载了云贵高原有野生大茶树的证据。

不过在当时，中国作为世界茶树原产地的事实并没有被认可，道理很简单，弱国没有话语权。自19世纪中叶起，中国逐渐沦为半封建半殖民地国家，不断受到列强的欺凌。茶叶的丰厚经济利润让各国眼红，证明原产地就是维护最大的商业经济利益。

1922年，中国学者吴觉农撰写了《茶树原产地考》，第一个站出来批驳了茶树原产地非中国的谬论。

1939—1940年，贵州湄潭实验茶场技佐叶知水、技士李联标先后对黔北野生大茶树进行调查并著书立说，从实证上进一步批驳茶树原产地非中国的谬论。[①]

更带劲儿的还在后面。

1979年，研究贵州古茶多年的贵州晴隆县农业局卢其明在笋家箐偶然发现了至今世界唯一的茶籽化石。[②]

这位16岁考取遵义农校的广西人学的是制茶专业，毕业分配到晴隆县农业局。

让他欣喜若狂的是书上珍贵的古茶树在这片云雾缭绕茫茫大山中竟然能找到，还有很多书中并没有记载。这里是二叠纪地层，中上三叠纪时期上升形成的陆地。砂页岩沉积中的煤显示了曾长满旺盛的植物。

从此，卢其明满大山乱跑收集古茶树标本。他还建立了当地第一个乡村茶场，制作了当地首批红茶。

1979年11月的一天，为了研究古茶，39岁的卢其明又深入野兽时常出没的营头大山调查。

他叫上了公社社长扛着自动步枪一起出发。在笋家箐转的时候，卢其明突然看到脚边一块石头像茶籽化石。

---

①李金顺.黔山茶话[M].贵阳：贵州人民出版社，2010：12-13.

②发现茶籽化石的时间有几种说法，相差不到一年。文中采用的时间以及具体情况为2014年卢其明接受本文记者采访之言。文章刊发于2014年3月2日《贵州日报》一版。

◆晴隆四球古茶籽化石

这块石头形状接近当地野生茶树种子，有明显种脐，种脐旁有三个胚珠的印迹，内有三粒茶籽，其中两粒发育正常，一粒发育不全。

他捡起来仔细研究了半天，用纸包好放进挎包，不声不响地继续做古茶调查。毕竟，将近20年的漫长研究，默默无闻，让人变得更为冷静。或者，不再相信运气。

“当时大家还在争论世界茶原地是在印度还是斯里兰卡，根本原因就在于茶原地将奠定一个国家在国际茶贸易中举足轻重的位置。”卢其明明白挎包中化石的意义。

经中国科学院南京地质古生物研究所国家重点实验室鉴定，这块四球茶籽化石距今至少164万年。世界茶历史顺理成章推进了至少100万年以上。

日后，卢其明及其他科研人员殚精竭虑在山中搜寻其他茶籽化石的踪迹，却再也没有新收获。他们百思不得其解。这块茶籽化石仿佛“从天而降”。

其实，在地质科学家冗长的论述以及让人摸不着头脑的术语中，也能窥见幸运。简而言之，在新生代第三纪，这里气候温暖，雨水多，零星地区在断裂谷地或坡面有上一纪的堆积物。这粒茶籽化石便在其中。

发现茶籽化石有多幸运呢？笋家箐只是一个小型裂缝，隔壁也是满山古茶的普安断裂这一岩层的厚度达到900多米。

2004年春日，营头大山群山起伏，白雾缭绕，宛如水墨画卷。74岁的卢其明杵着木头拐杖站在山下说：“发现是偶然还是必然，就留给后人评说吧。”在他面前，一株与化石同一品种，高达2米的古茶依旧苍翠。

偶然的幸运，或许是他一生中必然的骄傲吧。

不论是幸运还是必然，这次，贵州以铁证如山的事实证明了自己世界茶原地的身份。

打开中国现代茶业第一扇大门

按吴觉农的研究，贵州茶叶出产至少在殷商末年或者殷周时期。[①] 据说贵州是利用、饮用、人工栽培茶以及茶市场化等方面最早的地区之一。

贵州茶优异品质得到过茶圣陆羽的“盖章”：黔中生思州、播州、费州、夷州……往往得之，其味极佳。黔地偏远，茶能获茶圣赞叹，得有多么惊艳啊。

宋代著名文学家、书法家黄庭坚以《阮郎归·黔中桃李可寻芳》一词盛赞贵州茶：黔中桃李可寻芳。摘茶人自忙。月团犀腌斗圆方。研膏入焙香。青箬裹，绛纱囊。品高闻外江。酒阑传碗舞红裳。都濡春味长。

明代，贵州成为上贡茶叶的五个布政司之一，每年贡茶数量仅次于浙江布政司，名列第二。

仅仅统计明清两代，贵州贡茶就达 32 个[②]。贵定鸟王村至今还立着全国唯一的乾隆五十五年的青石贡茶碑。

近现代，从 1875 年至 1908 年，贵州全省 13 府有 9 府重点产茶，另 4 府

①罗庆芳. 黔茶历史 [M]. 北京：华龄出版社，2017：14.

②罗庆芳. 黔茶历史 [M]. 北京：华龄出版社，2017：44.

◆ 1915 年都匀毛尖茶荣获巴拿马万国博览会金奖奖牌（正面）

◆贵州出口茶叶装箱

也几乎县县产茶，茶叶产量达到 2 万多担[①]。1915 年达到 2.7 万担。正是这一年，都匀毛尖以其独特风格在美国旧金山巴拿马万国博览会上一举夺得金奖，[②]成为中国茶的骄傲。

到 20 世纪抗战期间，贵州茶再一次成为中国茶争夺世界茶市场的利器，为中国茶叶出口做出了贡献。

20 世纪初，中国茶叶产量本已减少，再加上战争影响，茶叶生产更是大幅度下降。20 世纪 30 年代，中国陷入了灾难深重的泥潭。抗日战争节节失利，中国大部分国土相继沦陷。近代中国经济重心在东部沿海等地区，其中 70% 的工业集中在沿海，中国经济遭到了重创。

1939 年，国民政府在重庆决定把“平时经济政策”转变为“战时经济政策”。为加速改变因战争而日渐衰落的国民经济现状，在当年“全国生产大会”即将召开之前，农业部中央农业实验所和中国茶叶总公司联合派遣一支专家考察队赴西南考察，寻找一处设立实验茶场之所。

这是因为抗战期间，中国东南沿海被日军占领封锁，只有西南史迪威公路能够与国际交通。传统出口产品茶叶和丝绸在东南沿海出口受阻，但可以通过西南史迪威公路出口以换回更多外汇补充军需。

考察队足迹遍及云南的昆明、曲靖，四川的成都、自贡、宜宾和贵州的贵阳、安顺、遵义等地。经反复勘察、比较、权衡，选定在遵

①担：非法定计量单位，1 担≈ 55 千克。

②罗庆芳. 文化力量与黔茶发展［M］. 北京：知识出版社，2012：127-129.

义东边100公里的湄潭郊区。国民政府农业部采纳了考察组的意见。1940年2月，中央农业实验所湄潭实验茶场（民国中央实验茶场）正式成立，标志中国西部的第一个国家级茶叶科研生产机构诞生。

民国中央实验茶场在湄潭建立后，贵州从此开启了中国茶叶科研之门。

李联标主持的全国茶树品种资源的征集与比较研究，初步了解了全国茶树栽培品种的类型、分布及其主要特征，是最早的全国茶树品种资源研究。1944年完成的《茶树育种问题之研究》，总结了世界各国茶树育种工作的进展情况，拓展了我国茶树品种征集与鉴定的前景。刘淦芝主持的湄潭茶园害虫调查及主要害虫生活史研究是全国最早的茶树病虫害系统研究。刘淦芝在任民国中央实验茶场场长期间，对湄潭茶树病虫害进行调查研究后，明确茶树害虫64种和部分病害。他在实验茶场的桐子坡建立养虫室，进行害虫生活史的研究。1941年，刘淦芝在中国《农报》上刊出《湄潭茶树害虫初步调查》。这是贵州，也是全国茶树害虫调查研究最早的科研成果。从那时开始制作和后续制作的茶树病虫害种类及其自然天敌种类标本2万号，是国内最为齐全的专业标本。

1941年，徐国桢从成都取得茯砖茶样在湄潭开展研究，并取得成果，完成《伏砖茶黄霉菌的研究》著述。这是最早的研究“金花菌”及其与茯砖茶发酵关系的研究成果。

1940年，民国中央实验茶场试制工夫红

◆ 20世纪50年代末的采茶能手　贵州茶文化生态博物馆提供

◆采茶能手比赛

◆平塘县大塘镇苗族妇女盛装庆祝当地茶文化节

茶获得成功，命名为湄红。经顺宁实验茶厂厂长、中国评茶大师冯绍裘审评认为：“湄红形状细嫩匀齐不亚祁红，色泽润泽，香气颇清香，较祁红为低，滋味似祁红，汤色较祁红略暗，叶底甚暗是其缺点。总评品质似不若祁红之优异，制法得法或可胜于宜红。”①

“湄红”大面积推广。湄潭的民国中央实验茶场成为西南继云南顺宁试制“滇红”成功后又一个工夫红茶生产和出口基地。

从茶场丰产期起直至20世纪70年代，湄潭县每年均有1万～2万担红茶出口。2011年4月，湄潭茶场进行文物清理时人们发现了1958年的几封电报。其中5月5日电报电文如下：“沃洲叙利亚近索黔红甚殷，如五六月无货，沃市伤，将为川红代替。过后售价差，需量减，请速安排，提早加工，于六月十日前调达广州……”这封电报，清晰地反映了当时湄潭红茶产销两旺和大量出口的史实。

中国茶界“大咖”云集，贵州也由此推开了中国现代茶业的第一扇大门。第二扇大门是当代茶圣吴觉农先生于1941年在福建武夷山推开。此后10年时光，贵州省湄潭县成为中国现代茶叶科研和种植推广的中心之一。

多年研究这段历史的湄潭人周开迅先生忍不住感叹：“在中国现代茶叶历史上，没有一个地方像贵州湄潭这样汇集了张天福、刘淦芝、李联标和徐国

①周开迅. 20世纪中国茶工业的背影：贵州湄潭茶文化遗产价值追寻［M］. 德宏：德宏民族出版社，2012：32-36.

桢等这么多重量级的茶学专家；没有一个地方的茶叶能够得到像苏步青、江问渔、王季梁、祝廉先、胡哲敷、张鸿漠、郑晓仓等科学精英如此深情的同声赞美。”①

从1949年到1978年贵州茶叶种植面积继续扩大，茶叶产量从0.05万吨增加到0.66万吨，增长了13.2倍。②

贵州成为中国边销茶五个主产省之一。早在明清时期，习水县生产的南边茶和金玉茶远销西藏、西康等边疆地区，最高年产量达3000担。贵州毛茶一部分调给四川雅安地区加工，调给湖北赵李桥茶厂拼配成青砖茶销内蒙古；一部分调给湖南益阳茶厂拼配加工成茯砖茶销新疆。据统计，从1953年到1985年，贵州共收购边销茶1 073 489担。③

从20世纪60年代末到20世纪80年代初，贵州茶叶出口主要是由国家调拨边销茶和拼配出口。20世纪80年代末，贵州茶叶开始自营出口，20世纪90年代以红碎茶为主，一般出口量在300吨以上，最高出口量达800吨。2000年开始，因国外提高进口门槛等各种原因，贵州茶叶停止出口。④

---

①赵剑平. 茶说遵义［M］. 贵阳：贵州人民出版社，2010：67.

②李金顺. 黔山茶话［M］. 贵阳：贵州人民出版社，2010：229.

③李金顺. 黔山茶话［M］. 贵阳：贵州人民出版社，2010：216-218.

④李金顺. 黔山茶话［M］. 贵阳：贵州人民出版社，2010：298.

◆ 20世纪80年代湄潭茶场工厂全景　贵州茶文化生态博物馆提供

昔日辉煌，白驹过隙。

2007 年后，贵州人外出推广茶，总是面对一个个惊异的表情：贵州还产茶？！

贵州省茶叶公司的王亚兰去北京茶厂送审茶样，北京茶厂评审茶 50 多年的老专家也问过同样问题。当时王亚兰伤心得眼泪都要掉下来了。这位安徽农业大学毕业埋头贵州深山做一辈子茶的专家一直以贵州茶为骄傲啊。

其实，中国市场早已记不得发展断断续续在新时期没有突出表现的贵州茶了。

从育种到种植到加工到品控，没有形成贵州茶体系，请来的都是江南茶区的审评，贵州茶的内质特性凸显，也还在研究中。

“一个产业的发展需要一代又一代人坚持，需要延续性才能让市场始终记住你。”曾为羊艾茶场副场长的张卫国阐释道。羊艾毛峰在 1960 年研制成功后，20 世纪 80 年代曾获贵州四大名茶称号，被商务部评选为全国名茶，获全国首届食品博览会金奖。

这只贵州茶名品后来因为企业改制问题，没有更好的表现。2014 年，北京吴裕泰总经理孙丹威曾无限遗憾地跟笔者提起：好多老茶客现在还在询问有没有羊艾毛峰，可惜了。

贵州茶，连许多贵州人都了知甚少。

山中岁月长。

他们与古茶相伴， 却识不得其真正价值。

铜仁梵净山区深处的农家孩子，放牛砍柴时，摘一些野生茶树上的茶苞解渴，生津回甘，唇齿留香。砍茶树干做斧头把，挖茶树疙蔸当柴烧。茂密的古茶树如山间任意一株粗壮的树木，平凡实在、默默无闻。

黔南惠水县的古茶直到有茶企开发，村民才明白其价值：以前用古茶树树叶做茶一斤卖出去不到 50 块钱，现在光采摘鲜叶就能卖 50 元一斤。

毕节七星关区太极村及附近的村落有着悠久的种茶历史，已探知保留的古茶树有 69 877 株。茶产业发展之前，古茶树的价值不如几株玉米产出，于是被大量砍伐。茶产业发展之后，2016 年，当地合作社付给村民采茶工钱 80 多万元，激励了更多村民加入采茶工人队伍，2017 年合作社付出的工资达到了 150 多万元。在 2016 年的贵州省秋季斗茶赛上，太极古树绿茶获得了茶王大奖。

贵阳花溪久安乡分布着 54 000 株以上古茶树。2011 年经中茶所专家、贵州省茶叶研究所专家及有关专家鉴定为国内已发现的最古老最大的栽培型灌

木中小叶种茶树，也是最大的灌木型古茶树居群。

这里的农家孩子，天热了便在古茶树上搭起凉床睡觉。春日迟迟，明代种下的古茶要到4月份才吐出新绿，比那些新栽种的茶晚半个多月，空气中氤氲着茶的清香。村民架上梯子采摘茶青在大铁锅里炒点茶去乡场上卖。日后以七泡好茶为特征一斤卖到三四千元的久安古茶此时不过几块钱。“煤山产好茶。”这话是祖宗传下来的，村民人人知道。好茶怎么卖个好价钱，却无人知晓。

◆花溪久安古茶园里的『茶王』

2007年，久安乡小山村村主任黄勇带着百多个村民开垦茶山。村民自带的饭盒就放在黄勇家厨房。一连7天，黄勇的妻子发现70个饭盒里一片肉都没有。这让黄勇很心酸，下更大决心带领村民一起致富。2013年，久安乡被评为现代高效茶叶示范园区。2017年，笔者来到这里，采茶老人携带的午餐都是牛奶面包水果，讲究营养搭配了。这些都是后话。

◆久安乡老人上山采茶，觉得既轻松挣钱又多

当年，成千上万的青壮年村民离开家乡山山水水，告别门前陪伴几代人的古茶树，外出寻觅幸福之路。

或者开山挖矿，遍布煤窑。黑色蔓延开去，绿色一点点凋谢——多年后，他们中的一些人，带着愧疚种茶，用绿去补那些黑洞……煤矿老板转型成茶农，成了贵州茶产业的一大特色。

第三章 一场调研 一场「革命」

◆雷山望丰乡茶园之春　胡继承提供

◆石阡茶园之春　胡继承提供

2006年，《关于加快我省茶产业发展的建议》成为贵州省政协九届四次会议的主席会议督办提案。由贵州省政协提案委员会牵头，贵州省农业厅[①]主要承办，贵州省乡镇企业局、贵州省经济贸易委员会、贵州省商务厅、贵州省委政策研究室和贵州财经学院等有关部门和单位组成了专题调研工作组，并设立了调研课题组。

这次细致深入调研奠定了日后贵州茶十年征程的基础，也是2007年那个标志性报告的基石。有人高度评价道：这是一场“革命式”调研。

2006年3月20日—5月31日，调研工作组在省内组成9个调研组对9个市（州、地）27个县（市、区、特区）68个乡镇，就茶叶基地、茶树良种繁育场、茶叶生产加工企业、茶青市场和茶叶批发市场、茶叶协会及农户生产等情况进行了调研。

同时，两个省外考察组对四川、江苏、浙江和安徽4省进行了考察调研。

这是一次全面系统深入的调研，后来被调研组的同志们自嘲是“一群不懂茶的人只好踏踏实实做的调研”。

因为，他们知道，自己肩上担子的分量，很重。

---

①贵州省农业厅：2009年更名为贵州省农业委员会，2018年11月更名为贵州省农业农村厅。

十年后，笔者从当初参与者杨启林同志那里看到他执笔的1万多字的《四川省茶产业发展情况的考察报告》，从茶企品牌建设到一个村人均茶园多少亩纯收入多少都清清楚楚。一村一品的布局设想也在那个时候成形。曾当选过两届全国人大代表、两次获得全国劳动模范荣誉称号的湄潭人何殿伦就是带领村民规模化种植茶叶，建成了中国西部茶叶第一村。

“日后贵州茶产业强调人力资源均衡配置，建立茶青市场，加强标准化生产管理等都从调研中得来。”杨启林说。

当年调研组初去四川时，四川省农业厅一位干部以为又是一帮打着工作旗号“游山玩水”的人来了，漫不经心地接待他们。当调研结束后这群人又回访他，这位干部发现他们真是干事的人，立即热情洋溢地接待，后来还多次到贵州调研指导茶产业。

行至安徽时，这个传统老牌名优茶强省的茶界人士被调研组踏实的工作作风所感动，在会上提出要将贵州调研精神用到安徽茶发展的进程中。

◆绿了青山白了头

省内行　外地人创业的热土

2006年4月5日，刚分到贵州省农业厅的雷睿勇开启了省内调研之行。日后他被称为“贵州茶活字典”，从相关政策到各县茶园面积，问他准没错。

凡是规模达到500亩（33.33公顷）的茶园他们都去调研。雷睿勇去了黔南和安顺，之后又跟大部队去铜仁、六盘水、毕节和黔东南调研。

最让他们感动的是在瓮安县做茶的浙江人王震。这位大学毕业分在浙江一个县做农业农技推广的小伙子将荒芜的近1000亩（66.67公顷）茶园改造成几百亩机械化标准茶园。王震把父母也接来同住。父母一看雷睿勇他们，眼泪哗哗掉，说这里条件太艰苦了。厂子里除了机器和茶什么都没有，午饭只能用开水煮鸡蛋吃。可是王震对贵州茶发展非常有信心。现在他和台湾人合作做贵州茶出口，目前已培植茶园1652亩（110.13公顷），并与农户合作茶园7000余亩（466.67公顷）。儿子王锐轩硕士研究生毕业后在瓮安跟随父亲王震踏实地做了“茶二代”，完全成了一个地道的本地人，满口瓮安话。

贵州对外省茶人来说，是个创业的好地方。

在计划经济订单版图上，贵州茶主要生产红碎茶。后来随着市场经济发展，订单没了，红茶改绿茶需要适应，很多乡镇集体茶厂不知道市场在哪里，纷纷陷入窘境。

黔东南东坡茶场种植面积6000多亩（400多公顷），曾是贵州第三大茶场。雷睿勇他们去时满眼凄凉。此时监狱体制改制，茶园自生自灭，茶秆子长得比两根筷头还粗。有眼光有市场渠道的外省茶人却在此找到了难得的发展机会。

有外省人在铜仁一口气承包了5万亩（0.33万公顷）茶园。那时承包价格最高也就一亩100元，施肥后机械化修剪制茶，立即运送出去销售。

在安顺，湖北人承包了农业厅下属的茶场。

在当时的贵州省，随便走在哪个产茶地都能看到外省茶人忙碌的身影。他们带来了种植加工管理技术及营销理念。当成千上万的贵州人外出谋生寻梦时，这些外省人却常常深入到最荒僻的乡村，抓“贵州机会”谋得了发展。

在晴隆和普安这些开园比较早的产茶地，部分浙江人加工了毛茶从机场发回杭州精制成西湖龙井赚取高额利润——现在这些厂房已经卖给了本地人，本地人继续上演西湖龙井贵州造的故事。

江苏人蒋庆松从《茶经》从各种地理杂志从气候条件分析出贵州产好茶，1993年跑到贵州来寻茶收茶。同时，他也在四川、湖北、湖南和安徽这些主要茶区采购茶叶。即便到现在——将近三十年全国茶叶采购经历后，他仍然坚持贵州是品质最好的茶产区，尤其是贵州的绿茶。

◆ 2019年10月，蒋庆松在贵州惠水自己的茶叶基地里做茶

◆村民清早戴着矿灯在蒋庆松的茶叶基地采茶

蒋庆松这种“从茶树到茶杯”都能搞定的外来人在贵州找到了让自己“光闪闪的片场”。

蒋庆松的公司参与了贵州省茶产业全手工转半机械的培训。培训完以后，他的公司发机器给贵州省各个监狱系统、农垦系统和公交系统，这些系统都有成千上万亩茶园，全部是他们公司参与合作制茶，然后统一采购。

2014年，蒋庆松开始在黔南惠水县正式种茶，和当地签了种植5000亩（333.33公顷）面积合同。从品种这个角度开始研究种植茶以后，他又有了新收获：发现贵州不但产绿茶，有些区域产的红茶绝对比福建和云南产的红茶还好。

调研组来到六盘水。水城春的茶园管理很规范，利用了贵州大山的立体气候分布品种。山下已经开园，山上还没开园。品种分配和劳动力均衡配置给调研同志很大启发。

调研组非常注重成本效益。一亩具体能带来多少收入，农民那里常常会是一笔糊涂账。在都匀调研，细致到问一个农户一亩茶，从3月到4月卖40斤独芽鲜叶，均价80元一斤，卖了3000多元。

去湄潭的贵州省茶科所调研，所里连一个研究员和博士都没有。后来茶科所搬到了贵阳，科研经费从2006年的几十万到2009年的600多万，茶科所专家变得很抢手。

贵州加速发展茶产业甚至“拉高”了全中国的苗价。一时间，卖苗的、卖机器的商人大量涌入贵州。

省外寻访　贵州茶之路

2006年4月，两个调查组分赴四川和江浙皖。贵州茶在省外的营销颇为衰落，邻居四川这个产茶大省是让贵州羡慕并决意要好好学习的“优等生”。

川茶历史悠久，茶产业可谓“兵强马壮”。四川有产茶县（市）120多个，其中重点产茶县（市）33个。2005年底，四川省茶园面积228万亩（15.2万公顷），仅次于云南、浙江、福建，居全国第四位。干茶总产量9.8万吨（其中，名茶产量3.16万吨，占31%），仅次于福建和浙江，居全国第三位。茶青产值15亿元（其中，名茶的茶青产值8亿元，约占54%），茶叶加工工业产值30亿元。

2006年4月10—15日春茶上市期间，贵州省农业厅胡继承、张卫国、李伟和杨启林先后到了川西名优绿茶产区的蒲江县、名山县、峨眉山市、夹江县和洪雅县等5县（市）的部分茶叶基地、茶树良种繁育场、茶叶加工企业、茶青市场和茶叶批发市场调研，走访了四川省茶叶科学研究所和四川省农业厅相关处室。

四川的茶园热烈繁忙。采摘从2月初延续至9月底，采摘分春、夏、秋三季。清明前主要采芽茶，为名茶提供原料，夏、秋主要采一芽二叶、三叶、四叶茶青为生产煎茶和大众茶作原料。每亩均收入 3000 元以上，最高达 4000 ～ 5000 元。

川茶的红火，更衬托得此地此时的贵州茶倍加“凄凉”。

其实在 20 世纪 90 年代初期，贵州茶叶特别是富硒绿茶和名优茶，以汤色嫩绿明亮、内质比较突出受到消费者青睐，并在四川市场占有一定份额。

由于贵州茶叶大多采用手工工艺，不能形成批量，品质不够稳定，加工成本高及产品上市晚等因素，此时基本退出了四川市场。

2006 年，在成都市五块石大西南茶叶批发市场，调研组尴尬地发现，200 多家经营户竟然没有贵州省内品牌的茶叶销售。四川恒馨茶叶公司在成都建有 11 个销售网点，曾以经营贵州茶叶为主立足成都市场。但近 5 年来，公司的茶叶原料已主要从四川雅安和名山等地进行收购。

由于当时贵州茶场体制没有理顺，原本占据的省外市场逐渐丢失。当时在安徽市场，茶场一年销售 250 万公斤贵州茶。贵阳茶场的“黔红”品牌销售很好。由于改制的原因，贵阳茶场退出，同时出口市场“灰飞烟灭”。而在安徽，一位叫程富寿的茶商改造当地茶场做出口，2017 年笔者去调研时，一年销售额达 5000 万美元。

在济南茶叶市场，贵州茶曾经风靡一时，羊艾毛峰在此名噪一时。因种种原因，贵州茶退出，川茶进入。

以川茶为师　发展无性系奠定标准化

这次调研，四川发展无性系良种的果决和效果，留给了贵州调研组深刻印象，最终贵州确定了发展无性系良种。

从 2000 年以来，四川省坚持发展必须是无性系良种，新发展茶园无性系良种化程度达到 100%，低产茶园的改种换植也实现了无性系良种化。全省共使用无性系茶苗 37 亿株，无性系良种茶园比例由 14% 上升到 44.7%。四川省无性系良种茶园面积 102.4 万亩（6.83 万公顷），投产茶园面积 150 万亩（10 万公顷）左右，分别占茶园总面积的 44.9%、65.8%。

调研组发现，以无性系良种的推广为基础，川茶的标准化水平大幅度提升。据 2004 年统计，四川省 60 多家茶叶企业生产的产品获四川省无公害农产品认证，有 8.1 万亩（0.54 万公顷）茶园通过了省无公害农产品生产基地认证；23 家企业的 43 个产品获得了绿色食品认证；25 家企业的 2 万亩（0.13 万公顷）茶园获有机食品认证。名山县、峨眉山市和洪雅县被列为全国无公害茶叶示范基地县。

因良种化程度高，四川茶园开园较早、产值高。良种茶园开采时间在 2 月 12—22 日之间，最早的在 2 月 8 日。地方群体性品种川茶系列一般在 3 月

◆2007 年福建武夷山茶企已经开始建立全国品种园，贵州茶产业才刚起步。全国调研学习成了家常便饭。图为贵州省茶办王丽军处长　摄影：袁小娟

5—15 日开采。良种茶园普遍比地方群体性品种茶园采摘时间早 15 天以上。

就产值来说，名山 131 品种可在 1 月 31 日开采，亩产值 4500 ～ 4800 元，其中春茶比地方群体性品种可多采两个轮次，产值在每亩 3000 元左右。名山县每亩管理水平中偏上的无性系良种茶园可采明前茶的茶青 70 公斤，产值近每亩 3000 元。

调查组来到蒲江县成佳镇麟凤村农民李代华家。该农户的茶园均采用无性系繁殖的福鼎大白茶苗，4 亩（0.27 公顷）投产茶园每年销售茶青收入为 15 000 元左右。

另一个深入江浙的调研组也发现浙江和江苏在大力发展无性系良种。

浙江省政府办公厅在 2002 年出台的《关于加快茶树改良的通知》明确了茶树改良的目标，争取到 2010 年浙江省无性系良种种植面积达到 110 万亩（7.33 万公顷），占茶园总面积的 60% 以上。

浙江省农业厅和财政厅共同制定了《浙江省茶树良种先进县评选办法》，每年奖励先进县 10 万元，2002—2005 年三年共评出 42 个先进县和 20 位先进个人，累计奖励资金达 400 万元。

据统计，2006 年浙江省无性系良种种植面积已达 88.2 万亩（5.88 万公顷），比 2000 年的 24.7 万亩（1.65 万公顷）多了 3.57 倍，无性系良种比例也由 2000 年的 12.8% 提高到 2006 年的 35.5%，提高了近 23 个百分点，一举扭转了浙江省多年来良种率落后全国平均水平的局面。

南京也以“绿色南京”优惠政策力推无性系良种。发展一亩无性系良种茶园可连续三年获得每亩 300 元以上的无偿补贴，最高可达 1000 元。

当时贵州省很多地方以有性系繁殖方式发展茶园。

都匀市 2000 年以后新增茶园 6.2 万亩（0.41 万公顷），无性系良种只有 700 亩（46.67 公顷），仅占 1.1%。安顺西秀区 2000 年以后新增茶园 7411 亩（494 公顷），无性系良种只有 50 亩（3.33 公顷），仅占 0.7%。

1984 年之前，国家还没有认定和审定国家级无性系良种。1984 年，认定的国家级有性系地方良种 17 个，国家级无性系良种也才 13 个。

“这两个品种各有优缺点。”贵州省茶叶研究所研究品种的专家陈正武分析道。他培育的“黔茶 8 号”是贵州省自主选育的第 6 个国家级无性系良种。

“有性系是种子发芽，形态千奇百怪，外观品质一致性差，但也因此品质内涵丰富。无性系是单株分离，种性稳定，外观一致，原料一致。滋味和香气单一。这个问题可以靠后期加工拼配弥补。”

有性系地方良种优势是小区域适应性强，但推广风险大。对于农业产业化来说，无性系良种抗性强、产量高、性状稳定，推广风险小。2006 年后，国内推广无性系良种已经成为趋势。

“良种的推广运用是任何农业产业化发展的趋势。”陈正武说。

但选择有性系还是无性系面临了巨大争议。

简单啊。有性系存活率高，无性系因二次移栽容易损伤根系而存活率低。

贵州山高坡陡，农户不会育苗，这些都是实实在在的大问题。

按面对新事物“摸着石头过河”的惯例，先解决产业中存在的比较紧迫的问题。当时贵州茶产业面临很大一个问题是要解决下树率采收问题，有性系茶青参差不齐需要去“找茶”，非常费时费人工。无性系良种最大限度地解决了采摘标准化问题，是实现贵州茶工业化的基础之一。

贵州茶种在大山中，解决了采摘标准问题便能迅速缩短生产周期成为普适商品，运到全国销售——当时没有人料到贵州会在这样短时间内县县通高速。

当年在都匀毛尖的核心产地螺丝壳要走好几个小时才能在山上采茶，茶也并不好采，群体种芽头高高低低，深深浅浅，需要去找。一个熟练工一天最多只能采 1 斤独芽茶青，而 5 万颗芽头才能做成一斤都匀毛尖。

无性系良种从栽种到投产，所需时间短。在都匀点种的有性系茶，有些十年都没有投产。那样长的时间是没有人有耐心等待收获的，不是农村脱贫好的选择。而无性系良种将以前七八年时间才能投产的茶园缩短到 3 ～ 5 年。

在良种引进方面，贵州下了相当大的功夫。全国的主流茶树良种在贵州均有种植。这些无性系良种的种植和确定，使采茶、制茶更加高效标准，为后来贵州茶跨区域、跨品种、跨季节的拼配打下坚实的基础，为实施绿茶的主战略奠定了先决条件。

从 2007 年秋到 12 月 31 日止，贵州省定植无性系良种茶园 15.3 万亩（1.02 万公顷），在定植中的无性系良种茶园 9.8 万亩（0.65 万公顷）。

到 2008 年 3 月底，贵州省新建无性系良种茶园达到 30 万亩（2 万公顷）以上，相当于 2001 年至 2005 年五年来全省新增茶园面积的总和。

新建茶园全部实现了无性系。遵义、铜仁、黔东南分别新建茶园 10.1 万亩（0.67 万公顷）、2.5 万亩（0.17 万公顷）、1.1 万亩（0.07 万公顷），占全省新建茶园面积的 90%。新建茶园面积较大的县有凤冈、石阡、湄潭、正安，分别是 4.7 万亩（0.31 万公顷）、2.3 万亩（0.15 万公顷）、2.2 万亩（0.15 万公顷）、1.7 万亩（0.11 万公顷），占全省新建茶园面积的 71.2%。全省茶叶基地步入跨越式发展的轨道。[①]

---

①黄家培. 2007 年贵州茶叶基地步入跨越式发展轨道［N］. 西部开发报 · 茶周刊，2008-1-22.

千万次追问何以为茶产业

据说，当年有很多人追问如果茶产业发展失败怎么办？

有人回答：最起码有绿化荒山的作用。

他们绝没有想到后来不仅仅“绿了千千岭”，还“幸福万万家”。这句标语是最早从贵州茶产业获得实惠的湄潭茶农刷到墙上的标语。

这次调研全面系统回答了：贵州为什么要选择抓茶产业？

贵州人归纳出了几大优势。

贵州是中国以及世界唯一兼具高海拔、低纬度、多云雾的茶树生长种植区域，是茶树的原产地之一，是国内业界公认的高品质绿茶的重要产地。贵州省土地面积17.6万平方公里，山地和丘陵面积占全省土地面积的92.5%。省内各种类型茶树品种资源460种，是中国保存茶树品种资源最丰富的省份之一。

贵州省是生物多样性最丰富的地区之一，仅次于云南。在全国，云南是以39.4万平方公里生物多样性分布来获得（排名）第一的，贵州以17.6万平方公里生物多样性分布获得（排名）第二。按每平方公里的生物多样性分布计算，贵州远多于云南。

这样良好的“天时地利”，就拿福鼎大白茶这个品种来说，在福建要五年才能封园，在贵州管护得好两三年就可以实现封园。而“安吉白茶”在安吉本地一般是五六年封园，而在贵州三四年就能封园。安吉白茶在当地氨基酸含量大概是6.2%，而在贵州可以达到9.1%。贵州的茶叶夏季不太需要浇水，大概只有5月中旬以后才会陆续产生病虫害，在中国很少见。

贵州省茶区主要分布在无工业污染、绿色植被覆盖率高、水土保持好的区域。贵州省农产品质量检验检测中心监测，茶区大气环境污染水平极低，大部分茶区均适宜发展无公害及有机茶叶。

贵州省农产品质量检验检测中心对全省抽取的涉及9市（州、地）37县（市、区）53家企业83个样品检测结果表明：水浸出物、氨基酸、茶多酚分别为42.6%～45.3%、3.1%～3.8%、26.8%～32.3%，全省平均值分别为43.5%、3.5%、29.9%。水浸出物最低值高出国家标准（34%）8.6个百分点，最高值高出国家标准11.3个百分点，指标均高于江苏、浙江、安徽等产茶大省的茶叶。

贵州省此次抽检的茶叶样品茶多酚含量最低也在26.8%（最高达32.3%）。丰富的内含物质赋予了贵州茶叶香高馥郁、滋味鲜爽醇厚、汤色明亮的特点，具有独特的高原茶韵。

低纬度形成的亚热带气候使贵州省茶园的开园时间处于四川和江苏、浙

◆ 2016年平塘县大塘镇举办第二届茶旅文化艺术节

江三者之间。贵州茶开园时间主要集中在 3 月 8—16 日，开园时间最早在水城县杨梅镇的茶园，是 2 月 11 日；其次在晴隆、普安、罗甸，为 2 月下旬。开园时间最晚在雷山县雷公山、都匀高寨茶场、威宁香炉山茶场，在清明节后。

四川省茶园的开园时间在 2 月 12—22 日，最早 2 月 8 日。江苏和浙江茶园的开园时间集中在 3 月中、下旬。贵州省茶园的开园时间比江浙要提早半个月左右。贵州省茶园开园的集中时段，四川省茶园的名茶产量已开始下降，而江苏、浙江本地的春茶还没有上市，但江浙茶叶需求量大，贵州省的春茶下树正好可以填补这一市场空缺。

贵州省茶叶采摘期一般可达 7 个月。春季名茶采摘期 40 ～ 50 天，而江浙春季名茶采摘期由于光照强、气温回升快，采摘期仅 10 ～ 20 天。贵州省茶园封园时间一般在 9 月下旬至 10 月初。水城、开阳、羊艾、夏云、山京等茶园 10 月下旬才封园。封园时间最晚的罗甸上隆茶果场，冬至还可以采茶。

贵州省不仅高档茶品质独特，大众茶品质也同样好，具有竞争力。贵州省秋季生产的名茶品质好，如湄潭的针形茶秋季的均价与春茶同价，都匀高寨的秋毛尖与春茶同价，羊艾的秋毛峰仅比春季名茶均价每公斤低 40 元左右。

同时，贵州省也是主产茶省区中煤炭和电力资源最为丰富的省份，煤炭仅每吨 300 ～ 400 元，而江浙的煤炭每吨 700 ～ 800 元。茶叶加工用电每度 0.5 元，而江浙加工用电每度 0.8 元。以传统大宗茶加工干茶 1 斤耗电 1 度、耗煤 3 斤的标准计，贵州同江浙相比，大宗茶每斤可降低电耗 0.3 元、煤耗 0.5 ～ 0.6 元。

这是贵州省吸引大宗茶生产厂家进入的重要原因之一。

当时人们普遍认为贵州劳动力具备低成本的竞争优势。贵州省农村劳动力价格平均在 15 ～ 25 元每天，江苏、浙江等中东部地区劳动力价格则为 50 ～ 70 元每天。

但实际上，贵州当时已经开始闹“采茶工慌”了。东坡茶场 6000 亩（400 公顷）投产茶园，日需采茶工至少 4000 人，当时常年采茶工不到 1000 人，最高峰时 2000 人。2005 年名茶茶青、大宗茶青下树率分别为 20% 和 55%。安顺市果茶场、夏云农场、平坝忠芳茶场等规模茶园，均反映采茶工短缺，茶青下树率仅 30% ～ 60%。贵定云雾湖茶场采茶工缺 50%。都匀坝固种畜场茶场有 510 亩（34 公顷）投产茶园，在生产期日需采茶工 1000 人左右，在 2000 年以前，日均有采茶工 700 ～ 800 人，而现在日均仅有采茶工 80 ～ 100 人。高寨茶场在生产期日需采茶工 1000 人左右，但最高峰时也仅 200 人，需从惠水、丹寨等县以 60 元每公斤采摘工资招聘农民。

这次调研一口气诊断出贵州茶产业发展存在的八大问题。

比如管理体制不顺，缺乏统筹规划指导，属于“多龙”治水的模式。

比如规模茶场茶园老化、下树率低，国营茶场改革改制滞后。

比如茶园建园基础差，投入不足，低产面积大，茶青资源利用率低。

比如品牌多、乱、杂，宣传和推介力度不够，贵州茶的整体影响力有限。

…………

其中最迫切需要解决也是最基础、日后成为茶产业发展一面旗帜的，则是茶园的集中度、规模化和标准化。

贵州当时茶园种植规模在1万亩（0.07万公顷）以下的有47县（市），茶园面积20.45万亩（1.36万公顷），占全省茶园面积的19.9%；1万～3万亩（0.07万～0.2万公顷）的有27县（市），茶园面积44.8万亩（2.99万公顷），占全省茶园面积的44%。除湄潭、凤冈、余庆和晴隆、普安初步形成产业带外，以县为单位没有集中连片上万亩的茶园。安顺市1997年以后发展的5.17万亩（0.34万公顷）茶园，分布在全市6个县的126个村民组，组与组之间又不集中连片。相当部分茶园种在不宜种茶的陡坡地上，严重影响产量和质量。

集中度、规模化和标准化程度低导致加工业原料数量不足、成本过高，不足以支撑大中型茶叶加工企业，导致贵州省茶叶加工“散、小、乱”，难以做大，也是工商资本、民营资本和外资进入贵州的桎梏。

同时，也不利于茶叶专业村的形成，造成在茶叶采摘的关键季节农户既要采茶、加工茶、卖茶，又要忙春耕秋收，难以集中精力管护茶园。在劳动力紧张的背景下，采摘更加困难。规模不集中，茶青标准不一，给品牌塑造带来很大困难。

中茶所的专家给出的建议也着重提出了要做大做强茶产业，仅靠现有的80多万亩（5.33万公顷）是不够的，没有规模就没有地位，也就没有效益。

调研组还发现，自2006年部分地方政府认为农林特产税免征后，发展茶叶产业不能增加财政收入，加之茶叶生产周期长，难见政绩，放弃了对茶产业的关注和领导，富民的思想不牢固。普遍对市场研究不够，发展方向不明确，以完成任务为目的，有什么种什么，重种轻管，种什么卖什么，缺乏统筹规划。

事物总是遵循着“优劣势并存”的规律，一方面是贵州得天独厚的天然环境，另一方面是一大堆需要及时解决的问题。随着调研组梳理出的线索越来越清晰，对产业难以坚持的担忧也浮出水面。

“不积跬步，无以致天下”一度成为贵州茶产业气喘吁吁爬坡上坎的信念。

那时候，调研组已经为产业难以坚持而担忧，将其列入了问题之首。话好像人人都会说，但坚持却是一件极为艰苦的事，放弃如影随形。

4年后，笔者在贵州山里一个新发展起来的茶叶村遇见一位50多岁的茶农。他正手脚麻利地除草，愉快却又有些忧心：“我管理得好，三年也就是明年能采青了。要发展什么上面要一直坚持。我这片地，一会儿喊种柑橘，卖不出去砍了改种猕猴桃，猕猴桃收成不好，又砍了。这次种茶，不要几年后又砍了。可惜了。再改种我也干不动了。”

还好，他所在茶区一直欣欣然地赶在前面。

历史纪录一：

2012年，贵州日报经济二部随机选出13家农户进行一年持续跟踪采访。笔者选了2位采访对象，其中一位是贵定县云雾山茶农方开祥。这组策划报道获得了当年贵州新闻一等奖。

这一年，方开祥主要为贵定县发展茶产业提供茶苗。笔者节选其中一篇报道的“日记”记录当时的情景。

2012 年 2 月 13 日　星期一

在这个社会感觉不到一角钱的用处，早已忘记一分钱曾存在过，贵定县云雾山脚，“厘”这样的计价单位却依旧吸引人。

“老板，扦插怎么算？”一个年纪 40 多岁包了块天蓝色头巾的女人想去坡上扦插，问方开祥。

“4 厘一株。”

女人双眼放光。

这是立春后的第十天。三个从龙里乡下来云雾镇走亲戚的女人进方开祥家打听用工行情。

不过方开祥有些为难：你们住得太远了，我不管住，也没办法送你们回去。另外两个中年女人听完剪枝的报价，默默盘算了一小会，很坚决地要求明天上工。

方开祥只能点点头同意。满脸倦容。

早上 7 点半，方开祥起床推开大铁门。门外已经站了好几个包着各色头巾脸冻得有些发红的乡下女人。云雾镇此时还浸在浓雾中，黑色山梁在大团大团白雾中若隐若现。

女人们都是从附近村寨赶来剪枝的。很快，方家一楼齐整地坐了 3 排近 30 个女人，老少都有。每人面前一捆刚从山里采来的鸟王种枝条和一个黄色

◆云雾山海葩苗姑娘正在采茶
吴敏提供

的麻袋。她们很少聊天，绝大多数时间只听到剪刀咔嚓咔嚓地“夹”枝条。每根枝条可以“夹”7 至 8 个扦插的苗。深绿的苗只需要留一个芽苞，3 至 4 公分[①] 长。

在云雾山中，方开祥承包了 160 亩茶园，今年又扩建了 150 亩。因为人手紧缺，现在还剩 30 多亩茶园没有扦插茶苗，方开祥有些着急。每亩地一年的租金是 3000 元，还要买土去栽，不种就铁定亏本了。一亩需要 1200 至 1300 斤枝条，扦插则需要近 38 万株。本土的鸟王种扦插存活率很低，一般一亩只有 18 万株活下来。自己育苗的成本在 8 至 9 分钱，而去市场上购买，一级苗的售价高达 1 角 5 分钱。

方开祥一家都进入“战备”状态。方开祥成天穿着橘红色冲锋衣、绿色的水胶鞋在坡上家里冲来冲去，指挥“各路人马”上工。工人剪完枝条要立即用小货车拖到坡上扦插以防止脱水，提高成活率。73 岁的母亲庭永秀在后院指挥工人把从山中刚剪下的成捆枝条运到另一批负责扦插的工人面前。36 岁的妻子刘琴则负责称麻袋里剪好枝条的重量。

剪枝和扦插主要采用点工的方式。当时镇里流行的一句话“包工不要脸，点工不要命”。这说明点工是村民们最接受的方式，而包工则只会让大家没有工作积极性。

方家开出的价钱是：剪枝，1 斤收购价 1.5 元。

---

①公分：非法定计量单位，1 公分=1 厘米。

◆ 2014 年 8 月 14 日，陈正武（中）指导道真黄金芽茶园幼龄期管理

中午了，剪枝的女人们自带了午饭，放了点辣椒的光面条或者米饭上盖了点酸菜洋芋，有的有几片腌肉。大家埋头吃饭，吃完又继续“夹”。她们一直夹到晚上 12 点过，然后，再由方开祥开车把她们送回家。

下午，方开祥开车到云雾山中他父亲承包的茶园里。这个近 600 亩顺着山势种植的茶园依旧被薄雾笼罩。坡脚的云雾湖明亮得如同柔媚的眼睛。方开祥家的枝条都是从这里剪去的。他那贵州师范大学毕业的弟弟正在货车旁称重计量。

站在这样宁静的茶园里，方开祥偶尔会想起那些开中巴车的日子，19 座挤了 30 多个客人的惊险。他庆幸自己成为一个茶农。

历史纪录二：

2014 年，贵州自主选育的第六个国家级无性系茶树良种通过评审。

陈正武和他的“黔茶号”

19 年精心培育的“黔茶 8 号”近日通过国家茶树品种鉴定委员会评审，成为贵州省自主选育的第 6 个国家级无性系良种。

它的主要培育者是贵州省茶科所的专家陈正武。1993 年贵州农学院毕业后，陈正武被招到省茶科所研究茶树品种培育。两年后，陈正武获得省农业部门资助的重点项目，开始了“黔茶 8 号”的培育之路。

“你完全不知道，耗费那么多时间从几十上百个材料中是不是真能选育出一个品种。”陈正武从纸袋里取出了 10 多袋茶样，每个袋子上都贴了编号。

每个编号代表着陈正武选育的一个材料。每年春天，陈正武要花一个月的时间炒茶，细品这些茶树品种的滋味，做出是否重点培育的判断。

“黔茶 8 号”被倚重的原因是当时兴起的“早生热”：由于明前茶价格高昂，提早采摘将带来更高的经济效益。于是研究早生品种成为热潮。

和“黔茶 8 号”一起竞争的有几十个材料。三年后，这株选取自贵州羊艾农场生长多年的昆明中叶种茶树以长势好、发芽较早、制成的绿茶味道比较鲜，获得了陈正武青睐，成为重点繁育对象。

“确定单株可以是偶然性的，但是确定需要很多年。”陈正武说，“前三年要确定生物性状，后三年要琢磨经济性状，超过 110 个数据需要长期记录。有些专家花了一辈子时间都没有选育出自己的品种。这需要运气，需要耐心。”

◆黔茶 8 号 - 春季枝条

直到 2007 年，经过省内再一次品比试验，“黔茶 8 号”在产量、品质、抗逆等方面表现优秀，陈正武心中才真正有了底儿。

要成为国家级无性系良种必须通过全国区域试验。2008 年，“黔茶 8 号”分别在湖北武汉、广东英德和广西桂林三地进行全国区域试验。六年后，综合结果显示：“黔茶 8 号”比对照品种“福鼎大白”产量高，平均可提前两天左右开采，制成的绿茶品质与“福鼎大白”相当或更好，且抗性强，是早生、品质优、适应性强的品种。在贵州本地的试验中，“黔茶 8 号”比“福鼎大白”品种早 5 天采摘，制成的毛峰毛尖茶具有毫多的特点。

今年，陈正武在湄潭推广种植了“黔茶 8 号”100 亩。

现在，“黔茶 1 号”制成的绿茶在最近中茶所评审中获得了高度赞誉。评语中的“甘爽”二字让陈正武欣喜万分：这个特点在绿茶中很少出现。

“‘黔茶 1 号’是湄潭本地苔茶种选育的，滋味比‘黔茶 8 号’更有特点。眼下的市场，很看重口感的差异化，应该比 8 号更有前途。”

从 27 岁满头黑发启程，到 46 岁头顶微秃获得收获，陈正武继续埋首下一个征程。

◆ 2014 年石阡首届苔茶仙子选拔赛茶艺秀　摄影：高强

第四章　从全国第十一到第一　路有多长

众所周知，农业产业化是以市场为导向，以经济效益为中心的。这要求产业实现规模化、区域化布局、专业化生产和系列化加工等。但贵州农业产业化“先天严重不足”。

贵州地形支离破碎，是全国唯一没有平原支撑的省份，素有“八山一水一分田”之说。在产业化道路上，贵州长期遭遇的瓶颈是“东西好却没有规模没有量，无法实现工业化”，不得不在小农经济中继续“兜兜转转”。

一句话，当你站在大山中，四周涌过来的全是一山还比一山高。你会深切地叹道：规模化发展在这样的山区就是一个死结。

是的。规模化对于在贵州干农业的人来说有切肤之痛。一方面，贵州拥有很多优秀的农产品却零星分散在各个区域，没有量。缺乏了量便无法进行大宗商品销售，难以改变在小农经济圈子里“兜兜转转”的模式，无法实现产业化。另一方面，如果不能改变现“没有规模”这个最基本条件的突破，日后要实现为天下人做一杯干净好茶的布局，无疑如空中楼阁。

当传统农业无法撑起个人生活的追求，大量青壮年只得告别家园外出务工。直接导致的后果之一便是留守儿童剧增。之后留守儿童因缺乏家人照顾出事，更加深了外界对贵州贫困落后的印象。

时任贵州省农业厅农经处处长胡继承推动过辣椒产业和薏仁米产业发展。这两个产业日后在贵州也是大红大紫的，特别是“火辣女神”老干妈风靡了全世界。

胡继承发现“老干妈”路子走得顺主要是解决了辣椒和油菜大规模原料基地的问题。贵州是中国最优秀的辣椒基地，也是中国长江上游优秀的油菜基地。

胡继承做药业规划时，研究过贵州药业十大品种，但是药有“野变家”和总量供应的问题。

还有什么产业能在贵州这样的山区真正实现规模化？

当被媒体问及为何之后12年都在主抓茶叶的路上不回头。胡继承曾简单地回答：因为茶在贵州能全境实现规模化种植。比如福鼎大白茶，原则上从海拔200多米到3000米就可以“通吃”，除了个别品种，大多数品种在贵州都能适应。

被问及为什么这么多农民愿意种茶。他回答：我干了30年农业，找不到一样东西在贵州可以“通吃通杀”的，可以像茶叶一样能够综合生态、产业、民生、旅游，接二连三方面综合经济前景好的产业。

但那时，茶在贵州农业产业中似乎并没有“秀于林”。

在《贵州省志（1978—2010）·农业》一书大事记中，从2000年到2007年，仅在2006年提到茶产业——5月18日，中国西部春茶交易会暨第二届贵州省茶文化节在湄潭县开幕。①

---

①贵州省地方志编纂委员会.贵州省志（1978—2010）· 农业 [M].贵阳：贵州人民出版社，2017：26.

然而有了辣椒和油菜等产业一些规模化尝试，贵州这次要在农业产业化干“一票大的”。

2007年贵州下发了《关于加快茶产业发展的意见》（简称“《意见》”），这份文件标志贵州茶产业的“扬帆再起”，对症下药思路明确：以市场为导向，发展高品质绿茶为方向，体制机制创新为动力，依靠科技进步，培育壮大、引进一批茶叶龙头企业。打造出在国内外市场有较大影响和较强市场竞争力的黔茶品牌；以农户为主体，以推广无性系良种为突破口，加快茶园基地规模化、标准化和专业化进程；加强市场营销体系建设，积极发展茶叶中介组织，提高茶产业发展的组织化程度，提高行业整体竞争力和经济效益。

最引人注目又引起轩然大波的是《意见》对做大“规模”的强调：到2010年，贵州省茶园面积达到150万亩（10万公顷），实现年产值20亿元以上目标。其中，新增无性系良种茶园面积50万亩（3.33万公顷），全部实现茶园无害化生产，认证绿色食品茶园面积20万亩（1.33万公顷），有机茶园15万亩（1万公顷）。到2015年，茶园面积达到220万亩（14.67万公顷），年产值50亿元以上，把贵州省建成中国高品质绿茶的原料基地和加工中心，绿色食品茶、有机茶的重要生产基地。

这是认准了规模化是贵州农业产业化的痛点和难点，也是一个必须要解开的死结。

然而，急速扩大茶园面积大力推进规模化这一巨石，激起千层浪。

2007年，贵州茶园面积官方统计才102万亩（6.8万公顷），全国排名第十一位。实际上，大家心知肚明。连片的茶园很少，巴掌大的茶园也缺乏管护，一年就喝半月一月的春茶。

就算省直机关集中生产的办公用茶，也是黑沉沉的绿茶——不知道是多久前的陈茶了。

面积大的茶场，多数是国营的，早已经营惨淡步履蹒跚。

安顺市西秀区芦坝茶场是建于1958年的国有农垦茶场。其生产的茶叶滋味鲜爽，常常被当作提升滋味品质的“味精茶”来拼配到出口茶之中。20世纪80年代，芦坝茶场依然靠着国家每年如期而至的出口茶订单，生产出口的炒青茶。到了20世纪90年代初，场里的订单越来越少，有的时候，厂里都发不起职工的工资。最后，茶场参照农村土地承包到户的方式，把茶场分园到户，自谋生路。2000年以后，厂里很多职工子弟都去广东、浙江打工。

占地4000多亩（266.67公顷）的都匀茶场出产“全国十大名茶”都匀毛尖。因国有企业机制及周边民营茶企发展逐渐失去了活力，2005年承包给了张文承，负责安排茶场职工，每年上缴金额13万元。[①]

拥有3865亩（257.67公顷）茶园的黎平桂花台茶场曾是贵州省新建茶场快速成园、高产和盈利的典型。由于跟不上改革步伐等原因，提前进入衰老期，成了低产茶园。2004年，茶场经营困难，以每亩租金150元的价格租给了和泰公司支付职工退休工资和日常开支。[②]

建于20世纪70年代的正安县斑竹乡上坝知青茶场拥有5643亩（376.2公顷）茶园，投产后曾每年纳税40万元，先后纳税300多万元，是国家投入180万元的1.5倍。时任贵州省政协副主席李金顺2009年3月在此调研时看到的情形是厂老、茶老、人老和设备老。[③]

当时省内高层对此忧心忡忡，提出“先把那些多年不投产的茶园管好再说吧！”

很多贵州人心里没底儿：贵州发展那100万亩（6.67万公顷）茶园可是花了30年时间！现在7年要种下220万亩（14.67万公顷）茶园！

许多贵州茶商至今仍记得当年来自省外茶商的无情嘲笑：天方夜谭！

省外一些专家对贵州大力发展茶园面积也颇不看好，理由是中国绿茶产

①李金顺．黔山茶话［M］．贵阳：贵州人民出版社，2010：224.

②李金顺．黔山茶话［M］．贵阳：贵州人民出版社，2010：221-223.

③李金顺．黔山茶话［M］．贵阳：贵州人民出版社，2010：224-226.

量已经过剩，贵州这时发展茶错过了黄金期。

“没有什么产业会等着你贵州去发展。什么产业不过剩呢？好的东西不会过剩。”很早便参与贵州茶产业发展的中茶所专家鲁成银说。

只有一直做外销市场的人，饱受量少的困扰，才能明白面积的重要性。外地客商到平塘参加“贵州春茶第一壶”开采品鉴活动，喝到王亚兰老师所在茶厂做的茶，一口气定 1 万斤（5000 公斤），她连 2000 斤（1000 公斤）都拿不出来。后来，北京吴裕泰在都匀螺蛳壳订购都匀毛尖 5 吨，她也连 2 吨都没有。“东西好，没有量。因为没有面积支撑。”

“压力山大”啊。

贵州省农业委员会的雷睿勇还清楚地记得，2007 年去安徽开会，农业部相关部门的负责人过来善意地提醒：“发言就不要提你们贵州建几百万亩茶园面积的事了。”种种“质疑”更加激发了贵州人发展的“勇气”，贵州人认定了方向，说干就干。

2007 年起，贵州省委、省政府坚持把茶产业作为调整农村产业结构的重点来抓，进行高位推动。茶叶生产县党委、政府一把手一起亲自推动，有关部门密切配合，以创造中国茶叶发展的贵州速度。

“我们当时有个愿望，哪个县的县委书记把茶搞上去就优先提拔使用，所以说茶产业就和政治一样，一直在往前走。”2011 年时任贵州省委副书记王富玉回忆道。

2007 年，王富玉分管茶工作，给自己定了条不成文的规矩：随时随地卖贵州茶。[①] 他是爱茶之人，曾在接受《西部开发报》记者徐嘉民采访时，坦承大学毕业时每月工资只有 40 多元，就要拿出近 10 元买茶。

贵州省委专门召开了专家座谈会。贵州 80 多岁的老专家朱志业还记得当时提出建议：“发展规模需要技术人员支撑。按照 600 亩（40 公顷）茶园一名技术员配备，贵州缺口太大。”

2006 年，贵州整个茶叶行业专业技术人员中本科毕业的不到 50 人。连代表贵州茶科技水平的贵州省茶科所都没有一名博士。

当时省里马上着手人才培养。贵州大学农学院其他专业的学生可以转学茶学。

---

①徐嘉民，王文忠. 茶业：贵州富民兴黔的支柱产业——访十七大代表、贵州省委副书记王富玉 [N]. 西部开发报·茶周刊：2007-10-25.

◆在印江，春茶成了媒体关注重点

后来——2012年7月，贵州省农委特邀国家茶叶产业技术体系、中茶所等单位的10多名全国知名茶界专家分赴贵阳、遵义、毕节、铜仁、黔南、黔东南等茶主产地开展全方位培训，用全国最先进的理念、技术推动贵州茶产业加速发展。贵州省近万名基层茶业干部、茶企负责人、茶叶大户接受了课间和田间培训。这在贵州茶叶史上从未有过。

在贵州省委、省政府强有力推动下，贵州产茶县各显神通。

贵州茶业第一县湄潭县急速在寻找现代茶产业之路，从茶叶面积大县迈步经济强县。这份压力甚至让时任县委书记田刚觉得“如果不加快产业发展步伐，自己就是全县人民的罪人”。① 湄潭强力实施了“退耕还茶”，每发展1亩新茶园县财政直接补贴120元，鼓励企业自办基地和申报茶园。申报有机茶园认证成功的县政府给予每亩100元补贴。湄潭提出了“出路在茶，希望在茶”，并制定了几大策略：扶优企业做响品牌、开拓市场及发展旅游助推产业。

时任凤冈县委书记王贵带头种茶，出台了贵州省第一个县级干部职工带薪领办茶园的办法。2006至2008年三年时间，凤冈富锌富硒茶、凤冈锌硒乌龙茶、凤冈春秋绿宝石省级地方标准，经省质监局专家委员会评审通过并公告实施，三项标准的颁布实施，填补了贵州特种茶地方标准的空白。

夹在湄潭老茶区和凤冈新茶区之间的正安县茶园规模只有2万亩（0.13万公顷）。对照文件，如何加快发展，优势是什么？县里四大班子组成的茶叶生产领导小组在积极寻找自己发展的思路。

---

①徐嘉民. 湄潭答案：“贵州茶业第一县”的现代茶产业之路［N］. 西部开发部·茶周刊：2007-9-12.

正好这时正安人罗萍回家探亲。2006年，罗萍在中茶所就读农业推广硕士在职研究生。罗萍的哥哥罗明毕业于贵州农学院，曾任正安县茶业开发公司副经理。正安县政府四大班子得知后立即赶到罗明家，了解情况。

时任正安县委副书记蔡万权、县委常委谢劲松、副县长赵志清、县人大常委会副主任王焕章和县政协副主席邹成丽和罗萍兄妹讨论一个通宵。罗萍当时提出三条建议：一是立即进行抽样土壤检测，二是进行正安茶产品质量检测，三是争取与中茶所签订科技帮扶协议。

第二天，罗萍打电话给中茶所质检中心金寿珍老师和刘栩老师，马上送样检测。检测结果表明：一是正安抽样土壤检测有机质含量很高，非常适宜茶树生长；二是送检的绿茶类正安白茶氨酸类含量达到9%以上，比普通白茶氨基酸含量高3个百分点，是普通绿茶氨基酸含量的2～3倍，尤为可贵的是人体不能合成的22种天然氨基酸中，正安白茶含11种，占了50%，其中茶氨酸含3.62%、精氨酸含2.62%，两项合计6.2%，这是任何一种白茶都难以达到的。

怎么种植、生产、加工和管理？又是一系列问题。时任正安县委书记韦圣福带队立即赶赴中茶所签订科技帮扶协议。

正安的茶产业从此走上一条“性格鲜明”的白茶之路。正安白茶每年在全国名茶、国际名茶评比中连续获奖。2017年，正安拥有了15万亩（1万公顷）白茶基地，是全国白茶种植面积最大的区域。白茶产业带动当地4.5万户共20万人口就业，其中建档立卡贫困户有1.5万户，共计6.5万人。

在一些产茶县里，为了加快推进茶产业发展，政府从外面招商来了很多企业种茶和销售茶。

江苏人许米嘉2008年开始在务川仡佬族苗族自治县黄都镇云丰村流转1000多亩（66.67公顷）土地种茶。年底投入300多万元建成当地第一个茶叶加工厂，占地13 000平方米。时任县委书记柳盛明去调研。许米嘉反映加工厂

用的还是民用电，价格高也不稳定。柳盛明立即现场办公，叫来当地电力公司，最后当地政府分担 10 万元电费，许米嘉承担 3 万元。受到激励的许米嘉扎下根做茶，到 2010 年，在当地投资 3 万亩（0.2 万公顷）茶园，而当时务川全县茶园面积 10 万亩（0.67 万公顷）。他也因此收获了很多荣誉，倍感满意。

一位到石阡投资兴建加工厂的福建茶商反映工地交错复杂的电网难处理和水管等基础设施滞后。县领导立即带队现场办公……[①]

感动得她相信，“再过几年，一个集基地、加工、销售为一体的现代化的茶叶集团，将在我国的南部山城石阡横空出世。那时，将是我心花怒放的时刻。”

夕阳西下，这位异乡女子不是“断肠人在天涯”，眼中他乡，绽放着丰腴的梦想之美。

“太阳的光辉慢慢被古老的杜家寨山峰收藏，龙川河还是那样静谧的流着，安详，宁静。这可是条流自秦朝的河流，是一条已经流淌了三千年的河流。遥想故乡公司的对面也有一座山叫仙人面，也有一条河叫富春溪，两幅同样优美的画面在潜意识中似乎叠加在一起，灵动而美妙，让我分不出彼此，让我同样怦然心动。”[②]

贵州人认准了方向，铆足了劲头。

第一年便干完了三年的目标：贵州茶园面积超过了 150 万亩（10 万公顷）。

2013 年，贵州人种下了 611 万亩（40.73 万公顷）茶园，坐上茶园面积全国第一把交椅。

掌声中，也迎接了四面八方围攻：假的！一定是假的！

《农民日报》贵州记者站记者当年报道贵州茶园面积全国第一的消息，竟惹得一些产茶大省相关负责人打电话去找麻烦。

贵州省对面积的核实持较为谨慎的态度。笔者作为《贵州日报》记者采访某州茶产业发展大会，州里给记者的材料是茶园面积 130 多万亩（8.67 万

---

①李秋珍．石阡创业感怀［N］．西部开发报·茶周刊：2009-6-10.

②李秋珍．石阡创业感怀［N］．西部开发报·茶周刊：2009-6-10.

公顷），州领导在会上讲的则是135万亩（9万公顷）茶园。贵州省农委相关负责人当着记者们的面坚持核实的只有95万亩（6.33万公顷）。

每年贵州省农委会"宰掉"80万～100万亩茶园面积，按农委相关领导的说法，"如果按照各市州给贵州省农委报的数字，1000万亩早都有了"。

不拿真假说事了。不少省外省内人拧着脖子问：做到茶园面积第一有什么了不起的？

弦外之音是：这群"傻子"，蛮干没有出路的。

规模上去了，便担忧产量和效益问题。

2013年，贵州茶叶产量13.6万吨，比2012年增长82.8%，是五年以来增长量最高的一年。

但账大家都会算的。论产量，和云南、湖南相比，贵州茶叶总产量相对偏低。从单产来看，贵州亩产茶叶50公斤，湖南达到90公斤，贵州茶叶亩产等于湖南的55.5%。云南的茶园面积单产比贵州高出10%。论效益，贵州投产面积270万亩（18万公顷），茶叶综合产值为152亿元。湖南茶园面积182万亩（12.13万公顷），茶叶综合产值突破500亿元。贵州的综合产值差不多仅湖南的三分之一。[①]

不管提问的人是"什么意图"，茶园面积"全国第一"的宝座，贵州人花了七年的汗水和泪水，历经了百年不遇的凝冻、百年不遇的旱灾、种种拼了命的死磕，生死流转中盘活了座座荒山。

一朝坐上去，却是万般滋味涌上心头……

从那时起，贵州人横下了一条心：贵州开始"东茶西移"的步伐。

贵州省委、省政府领导层当时决定，一定要让中国每年新增茶叶的一半以上是在贵州高原实现。

果然，贵州每年新增茶园面积70万亩（4.67万公顷）以上，占全国每年新增面积一半，创造了中国茶业界的奇迹。

---

①左英奎.贵州茶园面积全国第一［N］.经济信息时报：2014-3-26.

◆ 2007年3月7日，正安县人罗明指导农民在黑老山中挖沟种茶

与天地死磕　历经风霜雨雪

2007年，贵州省级财政安排3000万元茶产业专项资金，按照规模化、专业化、标准化的思路，支持10个县建设了一批低产茶园改造、优质丰产高效茶园、新建高标准茶园、无性系良种繁殖基地、茶青批发市场、机械化修剪与采摘等项目。

此举意味着，贵州在支持县级发展茶园上，不再“撒胡椒面”，而是更精准投放培育“大户”。

贵州省发改委、省经贸委、省乡镇企业局安排了专门资金支持茶产业。财政资金的投入，对吸引各方面的资金投入茶产业起到了重要的推动作用。

据不完全统计，2007年，金融机构共新增贷款48 600万元支持茶产业。新建茶园建设直奔规模化和标准化而去，形成了一批规模较大、产业配套的专业乡镇、村组。

遵义市新建的10.1万亩（0.67万公顷）茶园中，面积在1000亩（66.67公顷）以上的31个乡镇占新建茶园面积的70%以上。湄潭马山乡新建1万亩（666.67公顷）茶园，石阡县甘溪乡新建5200亩（346.67公顷）茶园。在这些基地中，省委、省政府以农户为主体建设规模化、标准化、专业化茶园的思路得到了完整的体现。

湄潭县新建的2.2万亩（0.15万公顷）茶园中，主要是农户茶园。凤冈县新建的4.7万亩（0.31万公顷）中，60%为农户茶园。石阡县新定植3.4万亩

（0.23万公顷）茶园共涉及9000多户农户，规模在50亩（3.33公顷）以上的大户141户，占建园农户的1.57%。

这些都表明贵州茶园的集中度、规模化、专业化的问题正逐步得到解决，这是成为贵州省茶园基地建设的重要方向。

正当大家干劲十足，提出贵州领军全国茶叶大省时，不料2008年却迎来当头一棒：贵州茶产业遭遇了百年罕见的凝冻。

以靠天吃饭为主的贵州茶产业，似乎运气极差。

2008年元月11—12日，贵州茶产业发展现场会在湄潭召开。这是贵州有史以来由省委、省政府主持召开的关于贵州茶产业发展的最高规格大会，是贵州茶产业发展史上非常重要的转型大会。

时任省委副书记王富玉在长达两个多小时的讲话中激情澎湃地提出贵州领军全国茶叶大省和强省，发展扶持不“撒胡椒面”，规划了42个主产茶区，发展不积极坚决撤销。

有代表评论道：这是将贵州茶产业向现代茶产业转型迈了一大步。

时任副省长禄智明在会议总结中定调：2008年是贵州省茶产业加快发展的关键之年，也是夯实基础的一年。

这一年，中央财政从现代农业发展资金中拿出9000万资金扶持贵州茶产业。这笔资金没有“撒胡椒面”，而是建起“蓄水池”，重点向贵州茶产业基础较好的湄潭、凤冈、石阡、都匀等10个重点产茶地区倾斜。

集中扶持，规模效应将很快形成。

意气风发的会议结束第二天——元月13日，贵州全省大范围出现了56年来罕见的大雪，低温雨雪凝冻持续了近一个月，百年罕见。

这无疑重创了刚刚起步的贵州茶产业。据贵州省农业厅统计：贵州省可采茶园受灾面积达到85.4万亩（5.69万公顷），5000多亩（333.33公顷）苗

◆2011年4月4日，罗明新建的茶厂正在生产春茶。茶叶全程不落地的清洁化生产在贵州强力推开

圃绝收。去冬今春新种植的茶园，三分之二的茶苗被冻死。15万亩（1万公顷）茶园无春茶采摘，产量减半，推迟20天上市，经济损失约4.766亿元。

在凤冈野鹿盖山投资兴建茶园的陈胜健带着当地茶农开车去野鹿盖，山脚下就上不去了。远远看着新建茶园被厚厚的积雪冻坏却无计可施，一群四十老几的汉子心痛得当即抛洒热泪。

在这场百年难遇的雪凝灾害中，石阡县受灾茶园面积9.334万亩（0.62万公顷），绝收茶园面积2.593万亩（0.17万公顷），800米以上高海拔地区和新植茶园几乎全部被冻死，茶叶生产损失达5160.98万元。

然而，蹒跚着，也要走向规模化的春天。

4月份，王富玉在黔南调研茶产业强调，发展500万亩（33.33万公顷）茶园目标不动摇。

灾后重建紧锣密鼓地展开。

2008年秋到12月31日止，贵州省定植无性系良种茶园43.4万亩（2.89万公顷）。相当于2007年已新建茶园面积的160%。新建茶园中面积大的有遵义、铜仁、黔东南、黔南，分别是16.1万亩（1.07万公顷）、13.7万亩（0.91万公顷）、3.6万亩（0.24万公顷）、3.5万亩（0.23万公顷），占全省新建茶园面积的85%；新建茶园面积较大的县有湄潭［4万亩（0.27万公顷）］、凤冈［4万亩（0.27万公顷）］、石阡［4万亩（0.27万公顷）］、印江［3万亩（0.2万公顷）］、正安［2.5万亩（0.17万公顷）］、道真［2.4万亩（0.16万公顷）］、务川［2.2万亩（0.15万公顷）］、德江［1.86万亩（0.124万公顷）］、黎平［1.68万亩（0.112万公顷）］、都匀［1.5万亩（0.1万公顷）］、金沙［1.2万亩（0.08万公顷）］，占全省新建茶园面积的65.2%。

这一年，贵州省重点打造的黔北、黔东、黔中、黔西南、黔西北五大产业带逐步形成。各地重点打造优势产业带，如遵义市重点打造“四个产业带”，即以湄潭翠芽、银针茶为主的湄潭名优绿茶产业带，以凤冈为主的富锌富硒茶产业带，以正安、道真为主的富锌硒高山云雾茶产业带，以余庆为主的名优苦丁茶产业带。铜仁地区围绕梵净山、佛顶山和乌江，规划建设三个生态茶产业带也粗具规模。新建茶园全部实现了无性系良种的种植。

总有敢于迎难而上的勇士。

从煤矿转行做茶的贵州黔韵福生态茶业有限公司总经理罗林，就是从2008年凝冻开始种茶的。

茫茫大雪，凤冈县领导陪着他一起走遍蜂岩镇老鸹山，帮他做茶园规划。“当时向承强县长的裤腿上全是泥，皮鞋上的泥都有那么厚。”罗林比画着。

看好了地，茶园管理的技术又成了罗林的心病。县领导派了技术人员常驻罗林的茶园。文化程度不高的罗林连企业名字都请县里取。

三年后，罗林的自有茶园扩张到近3000亩（200公顷），再加上当地合作社“联姻”，它成为一个5000多亩（333.33公顷）茶园，占地1万亩（666.67公顷）的茶企。今年第一拨茶“雾芽春”已经出售了。罗林拿起包装精致的茶自豪地说：“这是我设计的。”

这位在贵州茶刚雄心万丈“出道”便遭遇百年不遇凝冻的贵州人，没想到自己那么快就入行了，而且还做得不错。

2009年，贵州茶园被秋老虎“咬伤”。贵州部分地区月平均温度在25 ℃以上，铜仁、遵义、毕节等地部分地区的温度高达35 ℃，造成了这些区域大面积的新植茶园茶苗干枯。务川、道真、黎平、金沙等产茶区茶园受灾面积均在1万亩（666.67公顷）以上。

据不完全统计，贵州省受灾茶园经济损失在3亿元左右，100多万亩（6.67万公顷）可采茶园减产，经济损失约5000万元。旱灾造成贵州茶叶经济损失约3.5亿元。

2010年的开局又颇为不顺。春天，贵州出现了80年一遇的旱灾，部分地区旱情甚至百年难遇。

干旱延缓了春茶上市。据当年2月23日的贵州农情调度统计显示，贵州茶园受灾面积24.43万亩（1.63万公顷），成灾面积9.68万亩（0.65万公顷），绝收面积1.69万亩（0.11万公顷）。

2010年3月10日，遵义县和湄潭县还飘着细密的雪，公路两边的大山上菜地里，处处白茫茫一片。产茶大县湄潭茶青减产80余万公斤，损失约9900万元。春茶减产价高成了定局。

2010年底又出了“幺蛾子”——12月31日夜间开始，贵州省各地迎来了多次冻雨、雪天气，全省66县（市、区）最低气温达0 ℃以下。低温雪凝冻集中在黔中和黔北茶区。贵州省茶园受灾面积44.3万亩（2.95万公顷），茶叶生产损失约1.7亿元。

贵州茶产业出发的每一步都在和“天地死磕”。

正安人罗明种茶从2006年开始遇见大旱，历经了上述种种劫难以及2014

年和2015年夏秋旱灾、2017年冬低温灾害。十年，基地从100亩（6.67公顷）扩大到1017亩（67.8公顷）。

2006年，罗明在距正安县城6公里的瑞溪镇燕子坝村罗汉洞观音寺旁建了乐茗香生态有机茶园。

这一年种下的100亩（6.67公顷）茶，遇上百日大旱，旱灾后剩下不到一半。2007年冬天种下的苗，2008年凝冻死了一大半，茶山海拔高，根本无从援救，只好拔掉重新来过。

十年来，罗明坚持有机方式种茶，人工除草，不使用农药、杀虫药，肥料则是当地榨完油菜的油饼作为有机肥。在山上种了安吉白茶100亩（6.67公顷）、金观音300亩（20公顷）、黄观音250亩（16.67公顷）和福鼎大白茶367亩（24.47公顷）。

品种的多样化，为后期制各类茶奠定了更好的基础。

罗明做的白茶、绿茶和红茶很快就获得了业界认同。乐茗香芽绿茶荣获第九届广州国际茶文化博览会金奖，在第十六届、十七届上海国际茶文化节中国名茶评选中连续荣获金奖。2016年世界联合会十一届国际名茶评比送8只茶样获五金三银等。2017年，贵州正安乐茗香生态有机茶业有限公司总经理罗明在贵州茶业经济年会上获得了“贵州制茶能手”称号。

2009年底，患了“类癌”的国应武回到家乡安顺市普定县化处镇朵贝村种了几百亩茶，边休养边发展家乡古树茶帮助乡亲致富。2010年，他正进行古茶树扩繁便碰到干旱，死了大半，以后每年都在补种。“这很正常，干农业都这样。”国应武的妻子笑眯眯地说。

◆精心管护的茶园在贵州随处可见

国应武所在的朵贝村有一定规模的古茶树群，但是，这些古茶树生长比较分散、品种多而杂、生长时间不同、茶叶性状不一，且茶叶产量有限，仅依靠已有的古茶树资源很难把家乡的茶叶产业做大做强。然而古茶树茶苗的扦插成长周期长，成活率较低。

就是从2010年开始，贵州哚贝古茶开发有限公司每年平均成功扦插约100亩（6.67公顷）古茶树。如今，国应武的700余亩（46.67公顷）二代古茶园里已有部分茶树进入开采期。哚贝古茶公司的古茶在“中绿杯”“中茶杯”等茶叶评比活动中共获金奖、一等奖和银奖30余枚。

从1998年开始在梵净山脚下种茶的印江人代传福常常要历经“倒春寒”和干旱轮番“虐”。倒春寒代传福无能为力，但对付天旱他觉得是“技术活儿，自己在行”。代传福买了6台老式水车，修了对付干旱的水窖。2016年干旱特别严重，茶园损失40%。“但我们进了保险，春茶一亩1000元，夏秋茶一亩500元。所以也没损失多大。”

如今代传福将接下倒闭的700亩（46.67公顷）国有茶场扩大到4000多亩（266.67公顷）。在他看来，做茶个人没有什么风险，很“稳”。2017年，他成立了出口公司，外销了100多万公斤茶叶。在将近20年与茶打交道生涯中，他身边有好几个做茶失败的例子。代传福总结下来的教训是“没有好好做茶园这个基础，就忙忙慌慌做品牌，最后会导致资金链断裂”。

正是在生生不息的实干中，从2007—2013年，贵州才得以用了不到七年时间成就了茶园面积中国规模第一。

未来有多远　困局就有多深

发展总是会伴随着磨难、困惑、守望、坚持的矛盾。

一亩茶园 4000 株茶苗，需要躬身一行行种下，三年时间的精心管护才能投产。

一斤干茶，需要 2 万至 5 万次辛苦的采摘……

一个县的产业坚持，需要领头羊继续扛起前任创下辉煌的产业不另立门户凸显“专属政绩”，这需要何等勇气啊……

“一个产业的兴起，没有十年八年看不出模样，不要太急于求成。不坚持十多二十年，出不了大的成效。十年在一个人的一生中是很长的，但在历史的长河中是短暂的。”时任贵州省农委常务副主任主管茶产业发展的胡继承在各种场合反复给大家“打气”。

然而，人的一生有多少个十年？特别是精力充沛干事的十年。

产业发展自然有困顿时期，如同凤凰需涅槃方能重生一般。

有的人卖了当时前途无量的茶企全身而退。

贵阳太升茶叶批发市场老板杨再英女士有天中午惊慌失措打电话给正在午休的胡继承汇报：最近跑了3家卖茶的老板，不得了了。

胡继承反问：五金家电市场跑了多少老板？100多家。越困难的时候一定要看见光明，越在形势一片大好的时候越要发现问题。

如今太升茶叶批发市场不仅完成了二期、三期市场的扩建，入驻的商户也从建立之初40多家发展到如今的280多家，成为贵州规模最大的茶叶集散地和助推黔茶出山的重要通道。

有时，不止贵州，全国的茶都喊“难卖”，贵州黎平县森绿茶业对外贸易公司却忙得一天销售上万斤茶叶，销往北京、上海、浙江、江苏、湖南等10多个省（市）。

同在黎平县的欧帮根自2010年创办天益茶厂，春、夏、秋三季制茶，冬天出外找市场。“哪年不出去还不习惯了。”他的足迹几乎遍布全国，凭着这股韧劲儿，每年销售额均在2000万元以上。

守望产业需要耐心，需要激情。

守望产业需要信心，需要决心。

贵州人深知艰难。守望与坚持是贵州茶产业发展必须要坚持的精神力量。

很多人发出这样的疑问：“没有人会问江浙人几千家化工厂修来做什么。中国当年有几千家、上万家电子工厂，没人问生产这么多来卖给谁的问题。但贵州农业只要做一点规模，便会不断追问卖给谁，未来在何方？这与我们思想禁锢有关啊。没有人思考规模品牌中国茶叶走向何方这些问题，会影响我们的工作思路、干劲，包括我们的梦想。”

三年五载，十年……江湖儿女来去，山河故人不再。却总要有一些人扛起大旗立于山巅。

◆蔡定常茶馆里的乌撒烤茶表演

风雨无阻。雷打不动。产业浮浮沉沉，总有人“逆流而上”。

有人说，“我们宁愿高高兴兴地死在路上，也比那些不出发的人好。”

常有人说，看，那群茶山中种茶做茶的疯子！

他们似乎抱定了“我要在你平庸无奇的回忆里，做个闪闪发光的神经病”的理念，成为持久耐磨却发了 100 ℃高烧的理想主义者。

也许可以统称，贵州茶“发烧友”。

有的种茶人花了四年时间与海拔 2300 多米、面积近 7000 亩（466.67 公顷）的神箐荒山“死磕到底”。

2009 年，毕节市纳雍县鬃岭镇坪箐村人谭正义开始了一条“黑”（煤矿经营者）转“绿”（种茶者）的“不可能”之路。

这是一条从“日进斗金”的路进入漫长岁月才可能有收成的路。谁都知道涉农产业投入高见效慢收益难说。

2010 年 10 月，谭正义按照传统挖茶沟、施底肥的方式，种了数百万株茶苗，结果冬天凝冻冻死了 80% 以上的茶苗。

第二年夏天，谭正义种下了几十万株茶苗，70% 的茶苗又死在“凝冻”关。

第三年，他采取直接种茶籽的方式，一下种了 3000 多亩（200 多公顷）。茶苗出土慢、长不大，抗凝冻、抗旱能力也不行，依然失败。

连续三年，谭正义仅在茶叶种植上就亏了近 500 万元。

三年的“折戟沉戈”，血本无归反而让这位汉子“烧”得更厉害。

第四年，谭正义在 1800 米海拔的山下用营养坨育苗，两年后再移栽到山上。这一回，茶苗存活率达到了 80% 以上，抗旱能力也明显增强不少。

就这样，近 7000 亩（466.67 公顷）荒山全部被谭正义种上茶树，“不可能”变成“可能”。

凤冈永兴镇的杨秀贵从一开始便被人称为“做茶的疯子”。她在三岁时因意外导致左腿和左手严重烧伤。22 岁那年，杨秀贵嫁给了同村只有十一二岁智商生活不能自理的张成友。1997 年，杨秀贵被迫带着丈夫外出打工，一度靠捡垃圾为生。对她来说，如果有人能给一个工作机会就像给了她一个宝。她会恨不得把心掏出来好好干。

2007 年，凤冈县大力发展茶产业，杨秀贵心动了，2008 年带着丈夫回到家乡开始学做茶。很多人对此冷嘲热讽，她毫不在意，拼命学习种茶制茶卖茶。如今，杨秀贵拥有茶叶加工厂 3 个，厂房总面积 12 000 多平方米，办公区 3600 多平方米，化验室、农残检测室、审评室和接待室齐全，名优绿茶、红茶和大宗绿茶生产线各 3 条，年产量 300 吨。公司吸纳残疾人股东 22 人，带动 500 余户建档立卡贫困户和残疾人家庭共同致富。

有的“发烧友”，不光自己“发烧”，还要拉上家族一起“跟疯”。

在东经 104 度北纬 27 度，海拔 2277 米处，威宁炉山镇新丰村民蔡定常立着块碑，上书“世界海拔最高茶园”。

他从煤矿产业改种茶，和村民一起，花了十多年时间在威宁草海边香炉山种下了这片世界海拔最高茶园。

2007 年，做了三年茶的蔡定常陷入了品牌发展的迷茫中。从事煤矿产业的经验告诉他，没有自主技术形不成自己的品牌。这位自称小学“本科”毕业的新丰村民开始挖掘整理当地的饮茶文化以形成特色。

威宁是高寒地区，烤茶是必需品。

老辈们早起喜欢坐在火塘边上，将小茶罐烤热，再放茶叶进去烤香。一

◆烤茶是威宁人的饮茶习惯

边抖着茶罐一边聊天，闻到茶香，倒入开水，冲上一杯香气四溢的茶。再从火塘里拨拉出一个烤好的洋芋，或者一个鸡蛋，就算是一顿。

这是威宁人对亲情的温暖阐释。

然而这时，除了山区，大家已经基本不烤火了。连当地做烤茶罐的师傅都被迫去省外打工了。

蔡定常邀请了贵州省茶叶研究所副所长郑道芳等专家来威宁考察，把外出打工的做烤茶罐的师傅请回来，从茶艺表演到茶具加工，摸索整理出一整套符合威宁彝族特点的烤茶文化，并以彝族英雄乌撒之名命名为乌撒烤茶。

这件当年看来在电灯世界去做一件燃烧蜡烛的事，一年年地做，也就成了。

2011 年，在国际绿茶博览会茶艺大赛上，乌撒烤茶摘取金奖。

2012 年，在代表中国茶艺表演最高水平的北京马连道杯全国茶艺大赛上，乌撒烤茶夺得大赛三等奖。

乌撒烤茶的表演留给了中国国际茶文化研究会学术委员会委员于良子极深刻的印象。他作为评委曾看过两次，第二次时便问茶艺师：每次表演都一样。为什么不稍微变化一下？茶艺师回答："我们要保留自己民族文化特征，就算不拿奖也要这样坚持。"于良子赞叹不已。

如今，蔡定常行走在世界海拔最高茶园里，有种陶醉，有种沉溺。眼前的一排排茶树，仿佛每一株都是与他生死与共的兄弟。

他把哥哥姐姐侄儿侄女一大家子人拉入茶叶阵营中。"爱打架"的侄儿被送去学习茶艺，成为一名不错的茶艺师。侄女从 7 岁开始成为威宁乌撒烤茶的代言人，四处参加茶艺比赛。大女儿执掌乌撒烤茶馆。小女儿开始并不喜欢茶，蔡定常强迫她假期必须到茶馆打工，时间长了，小女儿慢慢喜欢上了茶。

一到夜晚，乌撒烤茶馆成了家族年轻辈研习茶艺的地方。

产业沉沉浮浮，不管有多艰难，也总有人不言放弃、风雨兼程，投身其中，在“野兽出没的地方寻找生命的意义”。

“十年内，德江茶产业做大，那时我们就是元老了。”2009 年，德江县茶办的蔡妮开心地对记者陈大鹏说。这支 9 人的队伍平均年龄不到 30 岁，背包驻扎茶区服务茶农。从“给土壤搞体检”到负责种茶规划培训，一年便培训茶农 120 期 14 000 多人次。

笔者曾三上凤冈县野鹿盖山。那里草比人高，野猪野山羊满山跑，开辟出 2000 多亩（133.33 公顷）像样的连片茶园非常不容易，坚守更是不易。

城里人西南交通大学毕业的陈胜建本在贵阳豪华办公室做着回报丰厚的生意。贵州茶产业的发展唤起了他对土地的情结。这种眷念的情结，他认为是从陕北农村出来的父亲带到血液里的。

2007 年，老陈来到凤冈，目标指向有机茶。作为一位有理想主义情结的城里人，他要寻找有效推动农民有组织地共同参与茶产业发展，寻找土地利用及茶产业发展的可持续发展路径。

山上孤零零的“悲壮”的工棚不说，茶园遭虫灾，头一天还碧绿青翠的茶树，第二天只剩下来光秃秃的枝干，管护的村民吓得心惊胆战，可他坚持不打药。在当地村民眼里，他简直就是“不疯不魔做不出好茶”的典范。

艰难险阻完全不妨碍陈胜建的“诗和远方”。

他在山头种下千亩茶树，间种本地桂花和很多果树。陈胜建经常站在山巅，幻想着山脉向他敞开怀抱。长达十几公里的河岸线上，两侧延绵着油油的金观音、丹桂、龙井茶树地带。一到春日，农民整天满山头采茶唱歌。

有时他会深深地跟朋友叹道：“这么美丽的土地，为什么我们会漠视，不去发现土地的价值？”

进入茶产业坚持有机茶之路五年，亏本 3000 多万，很多人都觉得“奔六”的老陈简直疯了。

老陈倒是振振有词坦然得很：创新就是试错，哪里都是试对不对？他高

◆ 2013 年余庆狮山茶海　摄影：王远平

调地宣布说，我对贵州茶的发展很有信心，这片土地太好了，产出的绝对是好茶，以后全国其他地方的茶比不过我们。当茶叶等农业产业突围之时，就是农民、农业、农村富裕之日。

陈胜建说："如果我失败了，一定是自己的能力、资金不够，而绝不是道路和方向错了，这一定是一条成功的路！"

他的乐观和自信以及对土地的热爱感染了当地村民。有一位村民在加工厂墙上写了句标语："陈总来到野鹿盖，这里的农民真勤快。"

兴仁县屯脚镇海拔 1400 多米的营盘山上，杂草丛生，荆棘遍野，布依族汉子黄廷益决心在此种下万亩茶园。

20 世纪 90 年代黄廷益筹资办过年产值 4000 多万元的煤矿，每年解决 400 余名村民就业，为国家创收税费 1200 多万元。

然而，他觉得采矿致富吃的是子孙饭，有朝一日矿产资源枯竭了，子孙后代怎么办？

2009 年 6 月，退出煤炭行业的黄廷益每天组织几百人整治土地、修路、拉电线、安装水管，投了 8000 多万元兴建万亩茶园，带动 300 多户农户种植茶叶 3000 多亩（200 多公顷），吸纳了 130 名农民作为公司的固定员工，每逢育苗、种茶和采摘季节，每天进入基地务工的农民达 400 余人次，月工资均在 2500 元以上。

至于创业中一路走来的艰难，根本无以用文字进行描述。他的老父亲曾经自豪地对贵州省农委副主任胡继承说："我家庭益才做了七年，便有了这样的成就。"

这个“才”字，震撼了胡继承。

七年的付出，种种艰辛操持，在一个老农的眼中，只是理所当然的付出和骄傲。

其实，只要燃起一个梦想，只要有一点希望，再陡峭的深山幽谷，贵州茶“发烧友”都能“绣花”其上。

笔者至今记得，2014 年 3 月 14 日那天中午，面对青白绝壁上怒放的茶，目瞪口呆又肃然起敬。兴义市泥凼镇重重大山深锁的水井湾石漠化严重。几乎呈直角的大山怪石嶙峋，从山底到千余米高山顶，人们硬是一点点地抠出土，种下了小叶苦丁茶。

枝繁叶茂，苍翠片片。

外人根本无法想象这些村民是怎么爬上那样高的地方，如何种上茶的。

“他们都不要命了吗？”但凡看过的外地人都会这样想。

山民们对发展的渴望，盼望着依靠提高贫瘠土地产出改变命运的决心，从这些绝壁上的丛丛茶树得到了最完整的诠释。

贵阳中医学院毕业后在外行医的村民陈超文被请回乡承包茶园。2013 年，陈超文为绝壁上的小叶苦丁茶注册了商标，带领村民销售茶叶 150 吨，取得了当地发展茶产业以来最大的一笔收入，村民人均增收 600 元。村里 52 户贫

困党员、独生子女户、残疾人等也品尝到茶产业发展的甜头：2014 年春节，合作社发放了 3 万元的慰问品。

有这样一个故事在贵州茶圈广为传播。两个身着少数民族服装的妇女自己去中茶所找老师，在校园里一个个问老师在哪里。学习结束后，买了满满一背篼的茶苗回家。

抓紧发展面积的县域，有种“怕机会来了使不上劲儿”的紧迫。2014 年 7 月初，笔者在德江采访。德江茶园太分散，基础设施不到位，老百姓单家独户采摘成本高，不愿意采茶，宁肯外出打工。

为了茶园规划做到相对集中连片，德江调整了策略，从以乡镇为基地改为以茶区为单位。当时德江在复兴、煎茶、合兴等 11 个乡镇 154 个行政村 976 个村民组，累计新建无性系良种生态茶园 20.64 万亩（1.376 万公顷），总面积达到 21.21 万亩（1.414 万公顷），其中 13.5 万亩（0.9 万公顷）茶园通过无公害茶叶产品、产地认证，沼肥在茶树上的应用面积达 5.36 万亩（0.36 万公顷）。

为了全面升级茶产业，德江采取部门帮扶方式，明确 41 个县直部门帮助乡镇解决在茶产业发展过程中遇到的问题和困难，专门抽调干部组成督查组，对种茶乡镇轮回督查，各个种茶乡镇每 5 天向县委、县政府上报一次建园进度。

希望和困难总是相伴而行。心怀希望的人，会一路高歌猛进；畏惧困难的人，会心存胆怯止步不前。

一个产业的发展和最后的成功，一定离不开政府的坚持，离不开茶农茶企的坚持。

多少年来，贵州人总是强调贵州茶界心怀梦想，要相信中国茶叶因贵州茶叶而改变，自己是改变中国茶叶业态的后来者，以后在中国在世界，做茶叶绕不开贵州，在世界做绿茶绕不开贵州。

然而，胸怀梦想的人都是未来的先行者排头兵，必定会承受更多的孤独和痛苦。

曾任贵州省农委党组成员的胡红霞在2010年8月25日参加贵州省绿茶品牌发展促进会成立大会时感叹：守望产业，贵州人做得最不够——“一方面，贵州落后。但左落后，右落后，最大的落后就是没有一以贯之地培育成自己强大的优势产业体系。另一方面，说茶产业工作被动，但千被动、万被动，最终都是因为没有始终如一全神贯注地培育自己的产业。”

产业发展，她经历了太多：贵州农业产业结构调整的“八条龙”“十条龙”，今在何处？曾记否？

产业发展，她也看得太多：“企业的艰苦跋涉，在一轮又一轮官员的更替中蹉跎。滚动石头不生苔，浅尝辄止、半途而废，必将一事无成。东西南北风，什么风都跟，结果是找不着自己的‘北’。”

她有自己清醒的判断：作为贵州人，作为贵州政坛无足轻重、无所影响的小官，应该要有任它云卷云舒、潮起潮落、官来官去的淡定，也一定要有力所能及地、倾尽全力地致力于贵州有比较竞争优势的产业培育的笃定，不要看人脸色、不要见风使舵、不要投机取巧，始终做到“任尔东南西北风，咬定产业培育不放松”。

斯人已逝。千古月，付韶华。绿了青山，白了头。

这是沉重的翅膀。

做三年以内的事情，人人都是竞争对手；做六年以后的事情，你可能“天下无敌”。绝大多数人都只会考虑三年以内的事情，六年之后的事很少很少有人去考虑，或者很少有人甚至没有人能够坚持做下去。

因为大多数人看不到真正的未来或者根本不关心未来，或者只想要自己能预期的未来。

这时，省农委相关负责人提出了“狼群理论”，鼓励贵州茶企从狼群中的羊变成狼群中的狼，才能适应市场经济，真正攻克大市场。

激烈却又寂寞。

未来是什么呢？

《乌托邦》一书作者说：人性是喜新厌旧，人喜欢看见预期的未来。

看清楚一个产业的未来比看清楚一个人的未来，需要更多的智慧，或者需要承受更多的孤独与无奈。

贵州人喜欢说，贵州茶是无中生有，相信未来。

贵州人喜欢叹，漫漫长夜相信未来，不懈努力。

前行不一定有掌声，但一定会伴随着困惑和寂寞。甚至或许泪水多过汗水。

后来，陈宗懋院士在研究2007年中国茶总产量为何达到历史最高点时写道：正是我国中西部地区自觉发展茶园面积，使得全国茶园面积在进入新世纪来又有了一个很大的发展。

贵州在这一年起，成为西部干将之一……

多年后——2014年，海峡两岸茶叶交流协会会长（原福建省常务副省长）张家坤考察完贵州茶产业后，发出了三个没有想到的感叹："一是没有想到贵州茶园面积连绵起伏，看了很震撼；二是没有想到贵州茶园生态之完好完整；三是没有想到贵州茶产业机械化、自动化、装备化、清洁化技术如此高。"

多年后——凤冈县跟中茶所说我们要去学四川学浙江，已任中茶所所长鲁成银回答："你学什么四川，学什么浙江，贵州茶叶在生产和安全上已经干得非常好了。"

十年前，贵州发展茶产业时照抄照搬四川有些经验。

十年后，当初的学习对象——岷山和雅安领导带队来贵州学习茶技与质量安全。

第五章

工业化的探索

贵州极速前行

九龍亭

◆20世纪90年代的茶厂

2007年，贵州仅有500多家茶叶加工企业，其中380多家仅具备规模化、标准化雏形；十年后，贵州有3000多家加工厂，其中1800多家为规模化、标准化加工企业。产品的品类、品种、数量有了质的飞跃。贵州加工上瞄准成为中国茶叶的原料中心、加工中心，做中国茶叶的贵州制造，推动形成一个大中小并举的茶叶加工企业集群。

与此同时，贵州茶企“亮剑”工业化程度非常高的抹茶产业。铜仁率先提出打造“中国抹茶之都”。

这是贵州将茶产业带入工业化在中国的一次勇敢尝试，也是大众化干净好茶的强有力保障。

众所周知，茶在中国有着悠久历史。但令人尴尬的是，哪怕日历翻到2017年，中国茶产业依旧停留在小农经济时代。中国茶产业规模化集中度低，机械化产业化低，导致茶农各自为政，采购商常常需要一家家去谈。价高量少的手工茶作为高端茶，仍在市场上被吹爆。

2017年，中国茶企数量达7万多家，其中规模以上企业只有3%，上亿元规模的不到100家。这就是俗称中国上万家茶企不敌一个“工业化”立顿的尴尬。

更让人忧虑的是，来自千家万户的毛茶缺乏统一标准，导致茶产品性能极不稳定，而中国茶常常打着传统茶文化旗号“故弄玄虚”，又严重阻碍了年轻人的消费认知。这使得中国茶久久在“农产品”上徘徊，迟迟没有进入“工业产品”的范畴。

日本也经历过茶产业工业化的困顿，劳动力紧张、下树难、成本高、缺乏茶园管理专业技术人员等环节都曾一样桎梏日本茶产业发展。

在人工费用上，日本 1995 年每小时 6 美元，2002 年每小时 6.7 美元，2016 年每小时 8 美元，过去 28 年人工费用增长了 162%。茶园管护成本上，1990 年日本是每公顷 3730 美元，2003 年每公顷 3864 美元。茶青成本上，日本茶青全年平均价格 1995 年每千克 3.75 美元，2017 年每千克 1.49 美元。

也就是说，机械化、专业化、标准化、产业分工、提高劳动效率、精密到亩产效益……这是所有茶人需要面对和承担的课题。

探索工业化作为高效的解决之道，破开中国茶产业发展困局，是贵州茶产业想要干的事。

遥想 2007 年以前，像中国所有茶区一样，又起航的“新兴茶区”贵州茶加工靠的仍然是“几口锅”。很多茶区的加工厂都是小作坊。头上是“牛毛毡棚子”，下面是几口大炒锅，老板和雇佣的工人，炒茶炒得“嚯嚯嚯”的，满头大汗。

福建人叶文盛当年穿着短裤、趿着拖鞋、拎着一杆秤到了贵州著名的茶区湄潭。他和妻子在租来的粮仓改造的车间里加工茶叶。实在太累了，就在旁边破烂的房子的地板上睡会儿。贵州的春天很冷且潮湿，夫妇俩的被子每年都要换新的，因为里面的棉花每年都霉成了“斑点狗”。他的儿子叶章涛第一次到贵州，惊讶地发现自家的小工厂连自来水都没有，上完厕所还得涂小半瓶花露水。

就是在这样的窘迫情况下，贵州人心怀梦想起航了。2007 年，贵州茶产业打响了加工低水平、企业规模小的攻坚战。这一热潮带动了贵州茶叶加工水平的提高，茶产业的标准化，提高清洁化程度。茶企在这一轮“清洁化工厂升级”脱胎换骨中急速奔往工业化，奔向大众干净好茶。

2007 年后，加工厂成了贵州茶产业参观的“必游景点”。

走进这些新近投产的加工企业，加工车间干净整洁，收购茶青入口的地板能照出人影，透过玻璃装修的参观长廊能看到整个车间的生产流程。车间里的工人戴口罩，一身洁白工作服在机器边忙碌。成品茶一批批送进和车间相通的冷库。

茶青从进厂到出品，全程“不落地”生产，最大限度保证清洁化。

这轮升级清洁化工厂战役中，贵州凤冈黔风有机茶业有限公司和湄潭兰馨茶业有限公司成为耀眼明星。

短短一年后，它们在农业产业化经营国家级龙头企业评选中，跃进国家级龙头企业，实现了贵州茶企多年的梦想。茶叶类省级以上农业产业化经营重点龙头企业达到 10 家。

茶产业招商引资让全国江湖儿女进入了贵州。

2008 年贵州省各地从浙江、福建、山东、江苏及省内其他地区引进茶叶加工企业 64 家，投入资金 72 758 万元。石阡引进的贵州昌裕农业发展有限公司总投资 3 亿多元。都匀引进中美投资集团协议投资 9000 万元。

2008 年 1 月，浙江温州茶商徐金米来到了正安县瑞溪镇三把车村，承包 300 多亩（15 公顷）土地种植安吉白茶，并在正安县成立了瑞鑫茶业有限责任公司，决心要把安吉白茶做大做强。在浙江茶商的带动下，正安本地农民

种茶积极性日益高涨，瑞溪、凤仪、和溪等乡镇共涌现 10 余家种茶大户，种植白茶近 3000 亩（200 公顷）。

一批工商、民营资本进入茶产业。金沙的梦樵茶业有限公司和巨芳茶叶公司从煤矿行业转入；兴义的华曦公司从养鸡行业进入茶产业。

五湖四海的投资者进入茶产业，迅速改变了贵州省作坊式手工生产或半机械化生产的格局，激增茶产业活力，一些茶叶的主产区加工企业集聚效应显现。

湄潭工业园区内的栗香、兰馨、天泰茶叶、陆圣康源、南方嘉木等公司，企业集中度高、配套产业相对完善，集聚效应明显。

凤冈田坝聚集了省内较大的黔风、凤冈春秋、仙人岭、寸心草和龙江等 20 多家规模较大的茶叶企业，规模效益明显。

2008 年，贵州五家茶企入围全国茶叶行业百强，表明贵州茶叶加工从过去小作坊式生产迈向了规模化的经营之路取得了一定成绩。但贵州人也清醒地认识到：贵州茶企与国内大部分企业相比存在很大的差距。

比如，贵州没有一家企业排在前 50 名。从省内企业的销售收入来看，年销售额最多的是贵州凤冈黔风有机茶业有限公司，为 5890 万元，与排名第一的中国茶叶股份有限公司的 133 181 万元相比，贵州茶企还有很长的路要走。

这十年企业走向工业化发展道路，以三个地方新闻纪录。

历史纪录一：

湄潭超速：企业集群规模化

2007 年，省里加快茶产业发展文件一下，原本“家底儿厚”又锐意进取的湄潭欢天喜地。

经过近 20 年的推广种植历程，2006 年，湄潭茶园面积已达 12.5 万亩（0.83 万公顷），投产面积 6.5 万亩（0.43 万公顷），产量 3500 吨，产值 1.5 亿元。作为黔北发展茶产业的领头羊，湄潭淋漓尽致体现了“家家农工商，户户奔小康”的小农经济。

县茶叶产业局局长田维祥去福建安溪调研颇为震撼：同样种植 10 万余亩（0.67 万公顷）面积，安溪年产值却高达 50 亿元。这与 5 万安溪人分散在全国各地经营铁观音密不可分。

再反观湄潭，20 余家茶企中没有一家省级龙头企业。种植面积大，单产却较低；企业个数多，而规模企业少；品牌多，但无名牌；没有一家清洁化加工厂等，制约了湄潭茶产业向更高层次发展。

显然，湄潭需要重点考虑如何摘掉“面积大县、产量大县、产值小县”的三顶帽子，如何摆脱“人家吃肉，我们啃骨；人家吃米，我们吃糠”的现状，实现茶业产业化。

县里为此召开了几十场茶企座谈会，鼓励大胆想大胆提。其中一个讨论会在金循公司的一个办公室开了整整一个周，从生产者、企业管理者到农民，

一个个征求意见，停电点蜡烛继续。

2007 年初，湄潭县委、县政府出台了酝酿已久的《加快湄潭茶产业发展意见》，提出到 2015 年，全县新发展茶园面积 10 万亩（0.67 万公顷），茶园总面积达 20 万亩（1.33 万公顷）。其中，扶持龙头企业是农业产业化的关键所在，认为扶持龙头企业就是扶持农民，没有龙头企业就没有真正意义上的农业产业化经营。

“如果不注重扶持龙头企业的带动作用，湄潭县即便在现有的基础上再发展 30 万亩（2 万公顷）也难以达到 15 亿的产值。”县委书记田刚说。

“这 6000 字的意见全是干货，让企业觉得很有奔头。”田维祥说。

湄潭出台了一系列加速茶业产业化的优惠政策：对于被认定的重点企业，政府将给予建厂或技改贷款贴息三年，投产后按企业当期实现的县级地方税等奖励三年。对获得国家驰名商标，乡镇收入达到 3000 万元，税收达到 100 万元的一次性奖励企业 100 万元。还包括“绿色通道”服务，环境整治和配套服务，以及企业品牌和地域品牌扶持等。其核心在于减轻企业负担，提高行政和服务效率，创造良好的软硬件发展环境。①

湄潭栗香公司董事长谭书德对此的评价是：企业赶上快车，贵州茶产业的春天到了。那时这位干劲十足的退伍军人还开着“夫妻店”，连股东是什么都不懂。现代企业的启蒙，由县里“手把手”教。

《西部开发报 · 茶周刊》记者徐嘉民形容当时“湄潭茶产业像一

---

① 徐嘉民. 湄潭答案：“贵州茶业第一县”的现代茶产业之路 [N]. 西部开发报·茶周刊：2007-9-12.

盘被激活的棋”。

日后成为国家级龙头企业的兰馨公司，总经理金循此刻正忙着技改，原本设计的新厂占地面积10亩（0.67公顷），后来又增加到20亩（1.33公顷）。几年在外推广市场的经验让他明白：“企业要增强市场竞争力，规模首先要上来。”

尽管兰馨公司此时年产值已达千余万元，但后劲严重不足。公司加工规模小，机械老化，产品经常跟不上市场需求，常处于合同到期提不到货的尴尬，流失了大量客户，使公司处于徘徊不前的困境中。金循多次想上规模，建大型加工厂，由于自有资金不足，只好放弃。

这次县委、县政府高度重视扶持龙头企业，为企业贷款贴息，并在税收等方面采取优惠政策，金循自然立即抓住机会进行技改扩大规模。只是他一心想着最低限度压缩技改成本。湄潭县委书记田刚，县长和分管副县长几次约他在茶馆谈，希望在县里确定的地方进行技改，并且扩大占地面积为50亩（3.33公顷）。这个新地方就是兰馨公司现在的大本营。当年金循自己计划技改的地方后来变成了高速公路。

于是，金循下决心把企业多年积累的资金1500万元全部投入，建成了占地面积50亩（3.33公顷）年产150吨湄潭翠芽清洁化生产线和年产800吨优质绿茶清洁化生产线。这两条生产线6道工艺环节，38道精细工序，8道安全控制点一气呵成，做到了过程安全、系统安全。

加工厂引进了微波杀青、微波干燥、远红外提香三项专利技术，日处理翠芽鲜叶5000公斤，大幅降低了湄潭翠芽的生产成本（每公斤干茶降低生产成本810元），产品色、香、味、形四项评审因子平均高出传统产品46个分值，技术装备跃居全国领先水平。同时，产品的稳定性及标准化程度大幅度提高，成交茶叶的品质从第 1 斤湄潭翠芽与第 100 万斤完全一致。

拥有 2000 多亩（133.33 公顷）认证有机茶的湄潭栗香公司这一年快马加鞭。军人出身的董事长谭书德从贵州省加快发展茶产业中嗅到了“千载难逢”的机遇。他开工建设两个年生产能力 200 吨高标准有机茶加工厂，总投资达 1600 万元，2008 年初投产。为保证产品质量安全，谭书德申请万亩有机茶认证，认证成功后公司有机茶面积达到 1.4 万亩（0.09 万多公顷）。他干得浑身来劲，乘风破浪。积淀两年后，他当选了 2009 年中国茶叶行业十大年度经济人物，后又当选 2013 年中国茶叶行业十大年度经济人物。

扩大企业加工能力在湄潭的茶叶企业中形成共识。当《西部开发报 · 茶周刊》记者徐嘉民 2007 年 8 月 20 日来到这里看到，湄潭茶区之间，5 家茶叶企业投资的加工厂正在建设中，有些已接近尾期。

“如果没有政策推动，企业发展会比较慢。政策指向很明朗。建设热情很高。”田维祥说。

与立顿联姻闯世界的红茶“遵义红”也在这一年崛起。

2007 年，日后以“遵义红创始人”自居的福建人叶文盛正准备离开湄潭。

四年前，他背口炒锅来湄潭做加工，目的很简单：“赚口饭吃，吃得饱就行了。”那时湄潭茶叶原料价格有巨大优势，芽头 8 ~ 10 元一斤，叶文盛的老家福建则是 17 ~ 18 元一斤，光原料差价都能赚一大笔。湄潭当时大叶种多，他开始做青针，走衡县市场。以前湄潭销售的主要是白毫白针，现在青针取名为贵州青针。贵州青针在全国批发市场很出名。那时叶文盛一天生产青针 1000 斤，一斤 20 多元的利润。

2007 年，他租的地被收回去用作商业开发，再加上和当地人处得不那么愉快，叶文盛决定回老家。

县委书记田刚和副县长陈佐明轮流带他出去做思想工作，到四川、福建、

浙江和江苏考察了一个周，说服了叶文盛留下来将家庭作坊升级为盛兴公司。县里批了地，占地面积 19 亩（1.27 公顷）。叶文盛资金不够，需要招商，县里便想办法从省里带了房开企业来入股。叶文盛负责他擅长的生产销售。

这一年他又遇上了红茶最好的时期。叶文盛用黔湄 601 制作的红茶外形紧细、油润、金毫显露、匀齐，甜香浓郁，汤色红艳明亮，滋味鲜浓醇厚，成本一斤 70 元左右，到武夷山能卖到 400 元，利润率最高。那时做红茶的人很少，市场需求量很大，供不应求。

这激励了叶文盛深入研究贵州原料制作红茶。

在汪恒武等当地老茶农的帮助下，叶文盛结合福建政和工夫红茶、正山小种红茶的加工工艺，不断摸索，最后根据“黔湄系列”茶叶品种特点，制作出湄潭特色红茶产品。

2008 年叶文盛带着湄潭特色红茶产品去重庆和成都参加茶博会，300 多元一斤，没想到竟然卖了两货车。

盛兴公司每年把近 5 万公斤红茶交予厦门某茶叶贸易名企贴牌销售，盛兴公司所供给的红茶占该茶贸企业年销售额的一半以上，但是只能获得利润的一成左右。

盛兴红茶“美女穷嫁”的遭遇引起湄潭县领导层的高度重视，要求县茶叶协会会同公司积极打造自己的红茶品牌，并定下“遵义红”作为品牌名称。

遵义是中国革命的转折之地，国家历史文化名城，更是中国红色旅游城市。人人皆觉得取得妙。据说我国茶界泰斗张天福老人品过遵义红后，曾大加赞赏，认为是“湄潭茶叶品质与福建工艺的最佳结合”。

实际上，湄潭早有制作红茶的历史，1940 年“湄红”在湄潭实验茶场试制成功，“湄红”出口创汇购买战略物资，为抗战胜利立下“战功”。后来贵州茶工业博物馆里还展示了湄潭这套全国唯一木制出口红茶生产线机具。

81 岁的湄潭茗茶公司董事长吴贤才老人 1952 年便在国营湄潭茶场参与研创“工夫红茶”，两年后湄潭茶场的“黔红”牌红茶通过上海、广州的口岸销往海外。

但湄潭红茶又一次腾飞则是从“遵义红”起步。

多年后，叶文盛的公司挂出了“遵义红传承人”招牌。这位在贵州茶产业加速发展中不自觉被裹挟进去的外省人反倒怀念“作坊式”时年赚百万的轻松。现在家大业大，操心的事太多了。

2007 年，如何加快湄潭翠芽这个地域品牌规模化产业化进程也提上日程。

县里统一品牌，将湄潭茶统一在“湄潭翠芽”地域品牌上，制定了“湄潭翠芽”系列产品生产标准，规范产品生产。同时，支持茶叶企业扩大茶叶品牌知名度，鼓励企业做响品牌。

拿出的都是真金白银。

参与国家级评比，对冠以“湄潭翠芽”并获最高奖等级的企业给予 1 万元的奖励；在省级以上电视台进行以“湄潭翠芽”茶为品牌的茶叶产业形象和企业形象宣传，其连续广告 3 个月以上的一次性奖励 3 万元；在出省高速公路永久性广告牌上广告“湄潭翠芽”半年以上的，每幅一次性奖励 2 万元；在地级以上城市广场组织推介以“湄潭翠芽”为主题的品牌周活动，每次奖励 2 万元。

政府奖励说话算话，立即兑现也大快人心。

2007 年 8 月 20 日上午，湄潭县委、县政府召开了“湄潭翠芽”荣获第七届“中茶杯”金奖暨 17 家茶叶企业获得国家质量标准（QS）认证新闻发布会。仅奖励企业的资金就达 43 万元，加上在年初召开的茶产业大会上政府奖励企业的 35 万元，政府共奖励企业 80 万元。

获得政府奖励 1 万元的兰馨公司总经理金循拿着奖牌走下主席台时，手心里浸满汗珠。对他而言，奖金不仅是物质的鼓励，更是精神的激励，使企业不敢小富即安，要将之变成沉甸甸的压力和动力踏进 QS 认证的门槛。

银柜山茶场经理杨永刚因“银柜山”牌湄潭翠芽获“中茶杯”特等奖和获 QS 认证而获政府奖励 3 万元。杨永刚接受采访时坦承：“这 3 万元虽拿在手里，喜在脸上，却也像沉甸甸的重担压在心里，企业再不大干快上，对不起政府的这一份厚爱。”

在杨永刚的规划里，银柜山茶场要实行股份制，通过招商引资成立真正的股份公司，从而做强企业。

副县长陈佐明这样阐述奖励的目的和意义：“当然，奖励不是目的，而是创造一种激励机制，在企业与企业之间形成互相竞争、你追我赶的良好发展态势。”

贵州省茶叶协会秘书长王亚兰把湄潭县政府的奖励看成是政府四两拨千斤之举。事实如此，正因为政府推出的一系列激励政策，促使了一些已安于现状、小富即安的企业开始掏空家底全身心投入茶叶产业。

“资源优势转化为经济优势，核心就是以企业为龙头，打响品牌，提升品牌影响力和知名度，从而占领市场，只有这样才能从卖原料转变成卖品牌。”湄潭县委书记田刚这样描述龙头企业对当地茶业发展的推动作用。

十年后——

湄潭县茶园面积稳固在 4 万公顷，投产茶园 3.73 万公顷，茶叶总产量 6.16 万吨、产值 42.71 亿元、综合收入 102 亿元。其中无性系良种达 99% 以上、无公害茶园认定面积 3.03 万公顷、有机茶园面积 4233.33 公顷、绿色食品茶园面积 600 公顷。全县茶叶加工企业 538 家，注册企业 385 家，年产值 500 万元以上的企业 350 家，国家级龙头企业 4 家，省级龙头企业 22 家，市级龙头企业 17 家。39 家茶叶加工企业实施技改升级。

历史纪录二：

贵定茶业：山中采云雾　口角噙异香

地点：贵定县云雾山

讲述时间：2011 年 6 月

贵定县的茶园面积在贵州省不算大，但该县依托本地的历史、文化、民族和区域特色，走出一条独具特色的茶产业发展之路。

贵定云雾山出产的云雾茶有深厚的历史底蕴。清代乾隆年间的贡茶碑是迄今为止西南地区发现的唯一一块能佐证贡茶历史的石碑。当地还有 178 株千年古茶树。

云雾茶具有浓郁民族特色，鸟王种是本地老品种，味道特别。在市场上，一斤鸟王茶青价格比其他品种茶青高出好几十元。

该县将“贵定云雾贡茶”作为公共品牌，成立专门的管理机构——贵定县茶叶协会进行统一管理。去年，贵定云雾贡茶获得农业部颁发的地理标志认证。与此同时，突破行政区域限制，贵定联合龙里羊场镇和惠水摆榜乡共同打造云雾贡茶。

贵定县借助茶产业发展文化、旅游等相关产业。今年 3 月，在盘江金海雪山景区入口处，贵州经典茶业公司投资上亿元的贵州最大生态茶博园破土动工。茶博园以茶文化为主题，在青山绿水之间以茶为线凸显苗岭贡茶神韵，将茶叶生产、茶叶加工和休闲旅游融为一体。

2011 年，该县 20 个乡镇共有茶园 8.5 万亩（0.57 万公顷），投产茶园 4.2 万亩（0.28 万公顷），年产量 1575 吨，总产值 1.7 亿多元。

山外·茶缘

每年春天，兰原都要从贵阳出发，开着越野车上一次贵定县的云雾山，收一些茶青，制成旗下主打品牌——“云雾野茶”销售。

30多岁的他卖了十多年茶。从黔灵山上的大碗茶一直卖到组建“之乎者也茶业有限公司”自制精品茶发往全国。这段经历被他浓缩成：知茶者不如好茶者，好茶者不如乐茶者。

为寻觅具有贵州特色的好茶，兰原啃了很多贵州史书，然后按图索骥。一次，他开车颠簸几天终于找到了史书中记载的一款贡茶所在地，却发现只剩下一所残破的房子，上面还依稀有“公社”二字。

云雾茶就是经过这样艰难的寻觅后出现在兰原的生命中。

第一次进山，缠着白布头巾，吊着比耳朵还长的银耳环，穿了蓝色布衫的苗家女子泡出的云雾茶，让兰原这个老茶人吃惊不小：味道鲜醇，饱满的山野芬芳，持久耐泡。从此，这种带了特殊的云雾山野气的茶让兰原深深爱恋不能自拔。

寄了一款给北京的嗜茶者，那头惊呼：喝出了一股云雾缭绕的味道，简直“半仙”。

“云雾茶集中了很多优势。它有从元、明、清绵延了几百年的贡茶史。本地产的鸟王种让它的口味很特别。现在省内很多地方引进的是外来品种，如果在全国市场竞争的话，本地种的优势其实明显得多。当地的少数民族风情，还有云雾山区的优势，都使得云雾茶具有不可复制的优越性。”兰原非常满意他发现的这款好茶，甚至专门用古法“松萝饼”的制作工艺，试图将云雾茶的“野气”发挥到极致。

这款茶在全国市场大受欢迎。

外来收茶的人多半都像兰原一样被云雾的独特所迷住。入驻云雾镇的贵州经典茶业公司在云雾贡茶的包装上甚至煞费苦心：花了几十万的设计费，将云雾茶的民族元素、历史元素及自身的独特全都融入包装。这款精美的茶一推出，立即在日本世界绿茶评比中获得了最高金奖。

外地人对本地种鸟王茶的疯抢，使得同样一斤的茶青，鸟王茶要高出好几十块。这让山民们突然醒悟过来，房前屋后那些他们架着梯子上去采摘的老茶树，就是最值钱的宝贝。

山中·茶秘

即便是在贵定县云雾镇人的眼中，云雾山人也是那样的神秘。

他们很少下山，到山下总是买完必备品就匆匆而归。女人们穿着蓝色的衣服，背牌是用海贝装饰的一个神秘刺绣图案。在山歌中，他们唱出自己的来历：蓝色海水白浪花，来自海边带海葩。他们是海葩苗，汉语意为“大海之花”。

山中海葩苗已经记不起种茶的年月起于何时。那些直径达 20 多厘米，高达 3 米以上的千年古茶树甚至用年轮也盛不下如此繁复的岁月。

人们曾经在一颗直径 28 厘米的古茶树后，发现了一位邓老太君的墓。碑立于清咸丰四年（1854 年）。当地村民说，邓老太生前爱喝茶，过世后，家人便将她葬于此地，守护千年古茶树。

那块曾经淹没于寨子竹林中的著名的贡茶碑，上面写了贡茶的一段历史之起：乾隆五十五年（1790 年）。

这块迄今为止西南唯一留存的一块贡茶碑，蕴含了云雾茶曾有过的显赫历史。

每年春茶开采，海葩苗都用盛大的典礼祭祖。仪式的开端在贡茶碑边。男人们缠着红黄二色的头巾，穿着同色的长袍，在碑前焚香祈祷。芦笙、长鼓和螺号响起，人们唱读祭文，高亢之处，所有村民便跟着和唱。

“鬼师”占卜开采春茶的日子，祈祷产好茶。

女人们则白色头巾下垂着叮当作响的银海贝，蓝色的衣服挂了绚烂的银饰，穿着黑色白条纹的裙子，等候着召唤去采茶。

山中有片茶园是现在云雾山中唯一一片原生鸟王茶，村中人视为禁地，不要说外来的人，就连村里的小孩子进入也会被视为玷污了圣地。

在一片葱绿、白色云雾渐渐升起的山中，随着雄浑的海螺声响起，祭祀春茶的仪式常常具有一种浑厚的力量，使得原本质朴的茶变得深邃而韵味撩人。

6 月底，到云雾山中采访偶遇大雨，便进入一户人家。主人捧上的是一罐当地特色的“碳烧茶”。

50 多岁的雷作宏是当地仰望民族小学校长，土生土长的海葩苗。在厨房的地灶，主人把陶罐子架在上面，放上云雾山泉水。茶咕咚咕咚煮到冒泡时，老雷从火里夹起一根红彤彤的木炭，吹掉炭灰，“噗”一声，放进罐子。然后，把茶水倒进土碗里递过来。喝一口，只觉得清香从喉咙直冲过来，化为一阵甘甜萦绕舌尖。

老雷说，木炭可以将茶叶里的茶味逼出来，把煮碎了的茶末吸附在炭里，还能消除煮茶时带在茶里的烈火气。鸟王茶属于清香型绿茶，煮过以后清香生涩的茶性会变得醇厚无比，增加了茶的药用价值，具有养胃、解乏、消毒、祛火的功能。

说毕，老雷颇为感叹：以前他卖云雾茶，才 5 元一斤，现在都涨到了 1000 元以上。村里凡是房子修得漂亮堂皇的，都是靠山中茶发起来的。

老雷家二儿子经营着 10 多亩（0.67 公顷）茶园，全是本地鸟王种。村民们纷纷大量种植本地鸟王种。由于鸟王种有限，现在大家都在琢磨扦插技术。

老雷的妻子，带着孙子孙女，仍然缠头巾穿蓝布衫，说苗语，手里忙活着给孙女绣件本民族的服装。

山下·茶事

云雾山是贵定县南部主要的茶产区。

贵定县 20 个乡镇都产茶，茶园达 8.5 万亩（0.57 万公顷），投产茶园 4.2 万亩（0.28 万公顷），年产量 1575 吨，总产值 1.7 亿多元。

“在全省来看，我们的茶园面积不算大，但是我们依靠本地的历史、文化、民族和区域特色，发展自己的茶产业。”贵定县委书记刘建民说。

“中国苗岭贡茶之乡”便是贵定县茶产业集中“火力”打造的品牌。

“云雾茶有很深厚的历史底蕴。山上那块清代的贡茶碑很好佐证了这点。我们还有 168 株古老野茶树，已经做了档案保护起来。云雾茶的民族特色很

浓郁，海葩苗世代种茶，有深厚的茶文化。云雾茶品种也有独特性。鸟王种是本地老品种，没有异化，保持了茶叶的本质，闻起来芳香沁人心脾。一般其他品种的茶需要3万至4万个芽头才能做成一斤干茶，鸟王茶只需要2.5万至2.8万个芽头就行了。因为鸟王茶的芽头厚。云雾茶还有区域的独特性，自古好山好水出好茶。”县委书记刘建民说。在计划中，贵定县突破了行政区域，联合龙里的羊场镇和惠水县摆榜乡这两个属于云雾山区的产茶地区，打造云雾贡茶。

从2006年起，贵定县将云雾山的春茶祭祖活动越做越大，引进外来企业，每年拍卖的第一壶春茶，都引起业界的关注，使得云雾茶的名头越来越响，同时也增强了当地老百姓种茶的信心。

“今年我们一壶春茶拍卖了5万多元呢，被北京的老板买走的。”云雾山人常常自豪地对外来者说。

从2008年起，贵定县每年安排300万元以上专用资金用于生态茶园建设、市场开发、良繁基地、高产茶园示范、贡茶文化、茶业评比表彰及奖励。

市场也积极响应。规模加工企业达27家，建立标准化并获得QS认证的加工企业8家，4000多农户加入了种茶行业。

为了让云雾茶的历史文化得到淋漓尽致的发挥，县里还制定了“贵定云雾贡茶”这样的公共品牌，成立了专门的管理机构——贵定县茶叶协会，对公共品牌进行统一管理。去年，贵定云雾贡茶获得了农业部颁发的地理标志认证。

政府和市场联手取得了巨大的成绩：2006年到2009年，云雾贡茶在全国各项赛事中获奖13个，但是，去年却一下子就揽回了十项大奖，其中还有国外最高金奖。

在发展茶叶生产的同时，贵定县还依托茶产业发展文化、旅游等相关产业。今年3月3日，在盘江金海雪山景区入口处，贵州经典茶业公司投资上亿元的贵州最大生态茶博园破土动工。茶博园以茶文化为主题，在青山绿水之间以茶为线凸显苗岭贡茶神韵，将茶叶生产、茶叶加工和休闲旅游融为一体。

十年后——

2017年贵定县茶园面积1.81万公顷，投产茶园面积1万公顷。茶园茶树品种主要以贵定鸟王种为主，占全县茶园面积的82.5%，贵定鸟王种面积达1.49万公顷。

茶叶总产量5230吨，全县无公害茶园基地认证达8793.33公顷；有机茶园基地认证154.79公顷，其中53.73公顷已通过有机认证，101.06公顷已获得有机认证转换证书。

注册企业90家，其中有加工能力的企业68家，茶叶专业合作社31个。国家级龙头企业1家，省级龙头企业1家，州级龙头企业6家；通过QS认证企业13家，通过ISO9001、HACCP等质量体系认证企业2家。

历史纪录三：

地点：凤冈

2007年初，贵州黔凤生态公司在凤冈北部的田坝村投资了1000万元建立起了贵州第一个现代化的大型加工厂。这个厂是贵州茶叶加工业中规模最大、清洁化最高、加工设备最具现代化的综合加工企业，在贵州茶企中率先达到国家QS认证。

公司为农民无偿提供种子、原辅材料和技术员，并对农民进行种植培训和辅导。茶叶种植活动由过去茶农自发的、无章可循的散乱状态转变成一个科学、规范的生产过程。

当时，凤冈县从浙江、福建、四川等地引进18家客商投资茶业，办标准化茶叶加工厂 11 个，连片发展高标准茶叶基地 9550 亩（636.67 公顷），投资近亿元，带动新区农民发展茶园 9 万多亩（0.6 万多公顷）。贵阳客商陈胜建在凤冈县土溪镇独资 800 万元发展了 3000 亩（200 公顷）高标准茶园。

一年后，全县茶园面积已经突破 13 万亩（0.87 万公顷）。茶叶企业年加工生产能力 200 吨以上企业 11 家，有机茶加工厂 5 家。已建成茶叶省级龙头企业 1 家，通过 QS 认证 3 家，有机茶认证 4 家，贴牌生产有机茶企业 2 家。"绿宝石""春江花月夜"等茶叶产品相继进入中南海、人民大会堂，以及外交部等 10 多个中直机关和全国 300 多家星级酒店。

2008 年，凤冈兑现茶叶产业建设优惠政策，1800 万重奖有功单位和个人。其中，凤冈县仙人岭公司、龙江有机茶业公司等 7 个公司获得标准化管理奖，6 个公司获得了企业发展奖。

十年后——

2017 年，凤冈县茶园面积为 3.33 万公顷，投产茶园达到 2.67 万公顷，较 2016 年新增 0.47 万公顷；茶叶总产量 4.5 万吨，茶叶产值 35 亿元，综合产值 60 亿元。凤冈锌硒茶进入中国茶叶博物馆馆藏，凤冈县再次被中国茶叶流通协会评为"全国重点产茶县"和"中国十大生态产茶县"。

2017 年，凤冈县新建大小茶叶加工厂 46 家，全县累计加工企业达到 280 家，年加工能力提升至 6 万吨以上。规模茶叶企业逐步购置色选机等精加工设备，产品分级水平、精制能力得到提升。

以下采访，记录了2010年凤冈企业发展故事。

讲述时间：2010年12月

凤冈群英谱

第一回
雄心勃勃陈胜建接英雄帖　沃野茫茫野鹿盖迎新寨主

地点：贵阳团坡桥春秋茶馆

陈胜建舒服地靠着沙发，说话时，修长的手指偶尔有节奏地敲着桌子。

五十来岁的他，微微有些胖。黑呢夹克敞着，熨烫平整的蓝色衬衣，一丝不苟扣到脖子下，干净而体面。

不过，他自称老茶农。

凤冈县土溪河边，有他一座山头——野鹿盖。2000多亩（133.33公顷）碧绿的“金观音”“龙井”“丹桂”茶树正一行行顺山脉延伸下去，在蓝天下招展。

明年，他精心照料了5年，投资2000多万的茶园将真正进入盛产期，加入市场角逐。在南非研究生毕业的女儿回国后，成了父亲的得力帮手。

2005年，凤冈县确立了“以茶兴县”的区域经济发展目标后，广撒“英雄帖”，出台各种优惠政策，吸引各路人马到凤冈投资茶产业。

陈胜建是第一个接下“英雄帖”，风尘仆仆赶去的投资人。

1500元就能投资一亩茶园。听到县里这样介绍，陈胜建动心了。

这一动心，将他原本的人生轨迹，从此改变。

野鹿盖山，草比人高，野山羊和野猪成群结队出没。

“你要开发这片山？太悲壮了吧！”本来受邀前去欣赏的朋友们个个摇头。

但是，陈胜建却两眼发光地描述对野鹿盖的“一见钟情”：第一次爬上山顶看到白雾滚滚而来，太美了。立马决定，就是这里了。

“野鹿盖”是陈胜建认为自己“业”之所系：土地是日后最有价值的资源，市场策划等靠钱短期能砸出来，但土地的经营却是时间和经验堆出来的。这才是茶产业的核心竞争力。

不过，投资农业的艰辛和复杂倒是远远超出了陈胜建的意料。

记者今年两上野鹿盖山，深知这种艰辛。

半山腰上，有员工指着路边一个堆杂物的木棚子说：我们陈总当初就住这里，那时棚子搭得还不如现在。

前阵子，他投资的另一处基地遭虫灾。“一棵茶树头天还在，第二天就啃没了。”当地的管护事后提起还惊魂未定。

陈胜建谈到艰难之处哈哈大笑。说到今年遭遇凤冈几十年难遇的湿度，摊青时在工厂三天没合眼，眼睛全是血丝时，竟然笑得脸都红了，仿佛在说别人的事。

西南交通大学学工科毕业的老陈，用工业化方式管理土地，甚至每块地都编上了号。

“我就盘好这片山。看过野鹿盖的人，肯定会花大钱喝我的茶。”老陈在茶馆里不无得意地跟同行说。

不过，有一点陈胜建没说出来，他也在等机会。

今年，凤冈的茶企界越加热闹。最大一宗新闻当然是本地两企业——黔凤公司和春秋实业公司，被国内一上市公司看中，一起组建贵茶有限公司，正雄心勃勃往全国第一家独立挂牌上市茶企的路上进发。

◆十年前凤冈仙人岭这个祭茶圣的地方还是个土坡坡　孙亮民提供

第二回
少年得志明涛脚下生风　慷慨让地老孙肚里撑船

地点：贵阳某茶室

地点是黔风公司董事长明涛定的。他的一美女朋友新开的茶室。

明涛一屁股坐下去，圈椅立即被塞满了：大半因素是随性半躺。

坐他对面的陌生人——比如我，老是担心他从椅子里滑出来，但到某刻，他又笑嘻嘻“噌”一下收身，恢复原状。

周而复始。

这个身着户外顶级运动品牌哥伦比亚牌红色冲锋衣的家伙，说话总带三分笑，不时透着几分少年得志：我25岁凭本事就挣得一辆本田车开着满世界转悠。

对于一个读了几年书，从湄潭乡下跑出去闯世界的少年，似乎也值得骄傲。

明涛本来窝在湄潭开酒店，被凤冈县副县长向承强看中，三催四请还不“买账”。但向承强拿出“三顾茅庐”的耐心来磨：元宵节都在明涛开的酒店里过。

明涛被打动了：“他们发展茶产业的定位很高。要做就做最好的。合我胃口。”

做过八年云南红营销的明涛看中了田坝村：茶园连片具备的规模化生产基础。森林郁郁葱葱，是种茶的好地方。

2006年，明涛投资千万，建成年产值千万的规模化、清洁化工厂。他的工厂造型如帆船一般，品牌“春江花月夜”直接进入全国市场。

这对于安两口炒锅在本地市场厮杀一气的田坝人来说，无异于见识到了身怀绝技的高手。

他们怕自己的加工厂被“灭”了。

就连田坝第一种茶人——资金算雄厚的陈仕友老英雄都曾经吃过外来企业的亏。当年陈老英雄的龙江茶厂刚建好，茶叶公司突然不收茶叶，且被银行追还贷款。最凄惨的时候，陈老英雄家里的猪都被抬走抵账。

有了这一教训，田坝人连厂址都不肯让出来。

正僵持着，一位50多岁、身材敦实的田坝人站出来。他浓眉大眼，乌黑的络腮胡，很有几分威猛之气。

此人叫孙德礼，算村里排名靠前的“高手”，让出20亩（1.33公顷）地给明涛建厂。

15岁就闯荡江湖的老孙，自认为一生经验可以归结为一句话：开放中求发展，发展中抓机遇。

老孙说：本地的发展已经到了瓶颈，需要借助外来力量。

老孙此举，遭到了田坝村不少人的指责——背弃本地人利益。

现在的成果，是他们用20多年一点一滴打拼出来的……

这种艰辛，陈老英雄最有发言权。

第三回
坎坷创业英雄老当益壮　历经风雨闲看一缕茶香

地点：凤冈田坝村陈氏茶庄

66 岁的陈仕友正拿块抹布，把品茶区里的奖杯一个个擦洗干净，比年轻的伙计卖力得多。

他满头白发，皮肤黑黄，人干瘦，但精神抖擞得能随时“上阵”：拿个红色塑料袋裹件衣服，搭记者的车就去镇里看厂了。

如果在路上碰见这样一个穿黄夹克的干巴老头，你肯定不相信他是拥有三个加工厂、身家千万的茶老板。

陈老英雄是开辟田坝“茶江湖”第一人。路，坎坷得多。

20 多年前，田坝村因为最穷而出名。它有个发展传统农业的致命弱点：缺水。

村里的谚语说：“田大块，土大丘，三年两不收，要吃饭，天施舍，吃穿靠救济。”

这样的格局一直延续到 20 世纪 70 年代连年干旱。26 岁的陈仕友当上生产队长，决心带领群众改变发展模式：发展耐旱的茶。

村里人激烈反对：茶不能当饭吃。

但大概没有几个人能敌得过陈仕友的韧性：

第一回合，他从湄潭背了只够八分地的茶苗，带领副队长和会计，从亲戚开始挨家挨户“劝种”，拉了 30 多户人种完。

第二回合，1973 年寒冷的冬天，带领 30 多人爬上荒山，种了 50 多亩（3.33 公顷）茶。

第 N 回合，听专家说无性系良种是发展方向，带茶农去湄潭参观，请专家讲解，赠送良种保证投产后才从收购的茶青中每株扣 3 分钱……花了一年时间，在田坝仅推广了 36 亩（2.4 公顷）。

第 N+1 回合，经营失败欠一屁股债，茶叶被卡、家产被抵押、猪被拖走……

当我们看到他在茶庄，用刻满皱纹的大手握住小巧的紫砂壶为客人泡茶时，已经是惊涛骇浪后的平静。

此时，田坝已经是“茶海之心”，拥有 2.4 万亩（0.16 万公顷）茶园。

谈话时，陈老英雄总是笔直地坐在挂灯椅上，手大部分时间妥帖地放在腿上。

也许正是这样的沧桑，使得陈老英雄没有同村小 10 多岁的孙德礼显得那么收放自如。

在一堆凤冈茶企业家里，穿黑夹克，米色毛衣勒出个圆滚滚肚子的孙德礼似乎总是个黏合剂。

他笑声最响，兴致最高：前阵子，我们去武夷山考察学习，黔风的明总介绍的朋友真够义气。不但来接飞机还开了百多公里的车把我们送到武夷山……

让地给外来者，是他作为田坝人，为开放迈出的艰辛一步。

眼见明涛的茶源源不断销往省外并成为国家级龙头企业，田坝人醒悟过来：小作坊成长起来……

村里的外来投资者，也越来越多……

第四回
父子同心牟家继业有人　群英荟萃凤冈风光无限

地点：贵阳团坡桥春秋茶馆

春秋茶馆是牟家开的。

已经八十高寿的牟应书总是手肘放桌上，身子前倾，专注地听每个人讲话，尖削的脸带着笑意。

牟老英雄从民国时期湄潭的中央实验茶场干起，算贵州茶业泰斗级人物。除去众多荣誉，单“在湄潭永兴农场一天生产12万斤干茶”的纪录至今让后辈肃然起敬。

不过，牟老英雄自认为最得意的还是：技术。

2007年，牟家在全省选了三年基地，最终“花”落田坝。这里有他们新研制的主打品牌“绿宝石”需要的大量原料。

陈老英雄当初费心推广的良种茶园，这一刻凸显用武之地。

这款据说花了五年时间研发的“绿宝石”具有发展的“战略性”眼光：解决了名优茶规模化生产的瓶颈。

传统的名优茶都是独芽制作。但独芽量少，时间短，无法成为一个覆盖全国市场品牌的基石。“绿宝石”突破性地以一芽二叶或三叶制作出名优茶，

一出山获国内无数奖项。

这些带来资金技术的外来者对当地的茶产业冲击不小……

五年来，老孙的小作坊改建了4次，规模一次比一次大。陈老英雄也至少扩建了2次。

“田坝现在少说也出了几十个百万富翁，千万家产的有10多个，都是近几年的事。”在新进的一批价值百万的制茶机器边，老孙回味着田坝人的成功。

外来英雄此时也品到了甜头：国内一有名的上市公司想加入茶产业，他们看中了牟家的技术和明涛的经营模式。

牟氏父子此时眼见全省茶产业快速发展，省里计划到2015年发展500万亩（33.33万公顷），而遵义就有百万亩茶园。他们希望能利用技术优势，迅速扩大阵营抢占市场。

向来雄心勃勃的明涛也生怕脚步慢了，跟不上好形势。

县里有心利用田坝的优势，整合资源实现跨越式发展，极力促成此事。

大家劲头都往一处使，今年底组成的贵茶有限公司直接引资3亿元。

这次，田坝人爽快地让出了300亩（20公顷）地供其发展，第一批10万公斤茶的订单已经落实到各家生产企业，其中70%的订单在田坝人手中……

当然，不只田坝，整个凤冈都迎来了茶产业的丰硕……

现在，连让人一听就竖起汗毛的“老鸹山”也来了意气风发的“新寨主”……

第六章　最严标准之路

贵州人理想的“标准茶”像可乐，像立顿那样，全球一个味一个价，走入寻常百姓家。

但是，中国茶很少“标准化”：质量不稳定，价格不透明。2017 年 7 月，《人民日报》发表了评论《破除“千万家茶企不及一家立顿”窘境》，文中指出中国有 6 万多家茶叶加工企业，但 90% 以上的企业销售额不足 500 万元，产业大而不强。这是中国“传统茶”的窘迫。

与此同时，标准统一“现代”茶饮店一路高歌猛进。喜茶、一点点和因味茶等“网红茶饮店”创造了排队、限购、黄牛加价的年轻人消费热潮。

贵州决心在推动新标准上做足文章，更好地做一杯大众干净好茶。

从某种程度上，2015 年的贵州茶产业似乎积累了足够“资本”。

年初，贵州茶园面积 662 万亩（44.13 万公顷），约占中国茶园面积的 16%，排名连续两年全国第一。茶叶加工企业近 3000 家，大型的茶叶清洁化、自动化生产线 600 多条，形成了一个大中小并举的茶叶加工企业集群。

用贵州茶界极为励志的话形容：贵州正朝着中国最大、最生态、最安全的茶原料基地大步迈进。

这一年，贵州全省忙着采摘“第一壶春”。

石阡县龙塘镇万亩苔茶示范园区，贵州祥华

生态农业发展有限公司选择在 3 月 7 日惊蛰这天正式开园采摘。

3 月 13 日清晨 5 点，天还未亮。开阳县龙岗镇大石板村布依族妇女陈庭会换上布依族服饰，和村子里几十名妇女匆匆赶往茶园，采摘早春第一篓新芽。

平塘县克度镇光明茶场，3 月开采第一天便招募了 100 多名工人上山采茶。

从 3 月上旬开始，梵净山茶区印江和思南等 7 个县的百万亩茶园春茶采摘全面拉开阵势，春茶分批次进入北京、广州等地。

贵茶有限公司“绿宝石”在北京、上海、广州、贵阳等地推出春茶茶票，销售“贵州春天”。

为了打开华北市场，100 多家贵州茶企在北京打拼，300 多人的推广团队为贵州茶“吆喝”。

贵州选择在“3 · 15”这一天，以“史上最严”标准升级，创造中国茶叶走拼配数据化的方向，张扬贵州人的勇气和自信，震惊中国茶界。

这是改变中国茶叶业态的重大举措。

其实 2007 年后，为适应贵州茶产业快速发展的需要，贵州已经制（修）订覆盖全产业链的省级标准 74 项，初步形成了贵州省茶叶标准体系。2009 年起，贵州省启动了 18 个县中央财政现代茶叶生产发展资金项目茶产业标准化建设工作，以规范茶产业全程标准化生产与管理。2013 年，贵州获得了中国标准创新贡献奖。

◆钟南山院士（右一）参观贵州茶企清洁化工厂

但这些标准不是强制性的，都太过专业化，普通人理解很困难。

贵州要将茶的标准化彻底“大众化”，让人人都能真切地享受到。

这一天，贵州省质量技术监督局和贵州省农业委员会联合发布了《贵州茶叶标准技术规程》（简称“新《标准》”）。

中国茶叶标准分为国家标准、行业标准、地方标准和企业标准四级。茶叶标准化生产是对茶叶生产的产前、产中和产后实施全程规范和控制。

新《标准》最“打眼”的地方是树立了中国绿茶的新标杆：所有品牌的一级、二级（包括珍品、特级）的水浸出物含量确定在40%以上，高于国标6至7个百分点。要知道，作为中国名优绿茶标杆的西湖龙井绿茶，水浸出物最高才36%。贵州人此举无疑简单明快强调自己的优势。

教育部茶学重点实验室主任、湖南农业大学博士生导师刘仲华接受采访时说：“中国没有人敢把水浸出物定在40%以上，只有贵州敢，只有贵州做得到。水浸出物含量40%，贵州任何地方的茶都能做到这一点。”

实施的核心直指一条大众干净好茶之路。

新《标准》严格执行国家标准《食品安全国家标准　食品中农药残留最大限量》（GB 2673—2016）、《食品安全国家标准　食品中污染物限量》（GB 2762—2017），确保产品质量安全。对各项指标实行一票否决，明令禁止使用水溶性农药，催芽素和草甘膦。水分、总灰分、碎末茶、粗纤维等理化指标均高于国标，制定了统一保质期，明确绿茶保质期为24个月，红茶保质期为36个月，严格制定了“干净茶”的标准。

大众化也是规模化过程。

新《标准》扩大产地区域以利于贵州品牌茶叶规模化生产，解决长期困扰贵州茶“量”的问题。此次新《标准》规定，地理、气候条件相似的同一区域，用相同的原料、生产标准和工艺生产出来的茶叶产品，可以使用相同的品牌。例如都匀毛尖，由都匀市及其周边扩大到黔南州境内，湄潭翠芽从湄潭县扩大到与其环境相似的务川、余庆等地。

新《标准》对10个品牌27项茶叶地方标准的制（修）订，标志着贵州省都匀毛尖、湄潭翠芽、绿宝石等10种名茶的生产加工标准升级为省级标准，以此大幅提升机械化、自动化生产水平，满足“初制标准化、精制规模化、拼配数据化”的现代大生产的要求。

那时地方品牌困于“地方特色优势”中，导致量产不足。

石阡苔茶一定要石阡苔茶这个品种，这个品种种植面积当时只有5万亩。其他产于石阡的茶品种又如何定位呢？

都匀毛尖一定仅仅限于都匀产区？

贵州省十大制茶能手欧平勇被称为都匀毛尖的“把关人”，参加起草和制（修）订“都匀毛尖茶”“都匀红茶” 和“都匀白茶”等贵州省茶叶地方标准十余个。

在他看来，老标准卡住都匀毛尖发展的脖子。都匀毛尖制作原料的要求是“叶包芽”，叶开一点都不行。在加工技术上，一锅最少需要45分钟，只能炒100～150克，再加上洗锅升温等，需要1个小时。至于人手，一锅至少需要1.5个人——炒茶一个管火的人可以管两锅。

贵州下决心要以跨区域、跨品种、跨季节的拼配，以拼配的数据化为方向来解决这个问题。

调整鲜叶等级要求也是奔着“大众化”而去。鼓励企业生产一芽一叶、一芽二叶、一芽三叶，改变以前特级就是单芽的局面。通过延长茶叶采摘期增加茶农收入，提高了大宗茶青的下树率，降低成本，让老百姓喝上便宜的好茶。

贵州旗帜鲜明坚决抵制“价格金贵”小众的独芽。

1斤独芽茶通常由5万～7万颗芽头组成，每一颗芽头都由人工采摘，所以采摘成本高。一般独芽茶作为礼品茶能卖上好价钱，利润大。在具备标准化、规模化加工条件之前，很多小型加工厂每年仅仅在春季生产几百上千斤茶便能挣足一年的钱。

贵州坚持走大众化，不倡导独芽茶。

新《标准》的制（修）订与实施，试图解决多年来困扰贵州茶贵、贵州茶淡、贵州茶不香的问题，借此发挥贵州茶内含物质丰富、耐泡、鲜爽醇厚、香高馥郁，汤色明亮、安全放心的优势。

倒逼工艺改进。“贵州茶淡是因为茶树肥培管理没跟上，生产上又过于重视芽茶，同时，推介时小包装投茶量一泡只有3克，量太少；此外，贵州茶追求色泽翠绿，杀青温度不够，烘干不够，干茶水分含量高，再加上泡茶时水温不高，因而使得贵州茶香气不够高。”胡继承在接受采访时阐释。

在中国茶叶市场上，对贵州茶普遍的认知是贵州茶贵。笔者在北京采访吴裕泰茶叶股份有限公司总经理孙丹威时，她曾提及：“贵州茶贵是因为茶青贵，再延伸就是茶园管理水平低、茶青下树率不高、劳动生产率不高等。究其原因是标准化上不去，产量上不去，采茶的成本降不下来。”

笔者曾在采茶季节去都匀毛尖核心产区螺丝壳采访。采茶工早上上山，走到山上已10点，下午4点就要下山。由于茶树管护不够，采摘“台面”比较高，一般贵州采茶的中年女性个子偏矮，需要抬手采，一天只能采七八十元，而别的地方一天能收入100多元。笔者在螺丝壳山上遇见来自独山的一群妇女采茶工，她们试了下，觉得采起来太费劲，便离开了。更重要的是，这个地方采独芽比较多，一天能采7两（350克）已经算不得了，严重影响了收入。在贵阳清镇，采茶工采一芽一叶二叶茶青，一天收入140多元。

这一次，黔由由企业集团总经理陈永亮根据新《标准》，调整了生产策略。过去黔由由公司生产特级富硒茶追求单芽和色泽，最贵的一款茶市场价达3000多元一斤。今年春茶采摘伊始，该公司便开始采摘一芽一叶，随着天气转暖，将采摘一芽二叶、三叶，力争产品等级多样化。

清镇红枫湖边种茶的张卫民细算了账：做一芽一叶的茶，成本是一斤200多元，售价400多元。做独芽茶，成本一斤400元，售价800元。但算来算去，还是做一芽一叶的划算，因为销量大。后来他做的一款大众绿茶在贵州省斗茶赛中夺走了绿茶茶王。

贵州省一口气确定首批505家企业为新《标准》宣贯企业。

这时正是阳春三月，春茶采摘季。标准已随企业执行深入到茶园中。

“适合制作标准高原生态绿茶‘绿宝石’的鲜叶为嫩、匀、鲜、净的正常芽叶，采摘的茶青必须是一芽二叶、三叶幼嫩新梢。”2015年3月26日，在贵州省贵阳市花溪区久安现代高效茶叶示范园区里采摘茶青的茶农金仕群告诉中新网记者杨云，“今年最大的不同就是必须严格按照标准种茶采茶，对农残零容忍，确保产品质量安全，否则企业就不收购。”

实施新《标准》，无疑再次强调：“做老百姓愿意喝、喝得起、买得到的好茶，做干净茶、挣干净钱要成为贵州茶界的共识。”

标准的指导性就在于会根据实际进行不断调整——3 年后，贵州茶安全的条件更成熟了……

这时贵州绿茶先后通过德国 Galab、德国 Eurofins 和中国香港 SGS 等多家世界权威检测机构的农残检测，通过欧盟 463 项检测标准，产品已销至美国、德国、英国、澳大利亚、新加坡、日本等地。

2018 年 5 月 6 日上午，在中国 • 贵州国际茶文化节暨茶产业博览会上，贵州省又出台了国内最严厉的标准——贵州省质量技术监督局新修订并通过技术审查的《都匀毛尖茶》《湄潭翠芽茶》《绿宝石绿茶》《遵义红红茶》等 4 个省级地方标准。新标准于 2018 年 11 月 1 日正式实施。

这次重点是贵州提高了安全标准。污染物限量指标铅严于国家标准 1.2 倍，农药残留限量指标吡虫啉、草甘膦、虫螨腈、啶虫脒、联苯菊酯、茚虫威等 6 项均严于国家标准，是国内最严格的安全要求。

这一天，贵州还举行了立顿“遵义红”新产品发布会。经过一年半的研发，立顿首款完全使用遵义茶制成的袋泡茶系列新品正式面市。新推出的立顿“遵义红”袋泡茶包含了“遵义红”红茶和“遵义红”绿茶，以三角包和双囊茶包等不同形态走大众茶之路。与立顿其他产品原料来自全球不同，这些原料全部来自遵义。2017 年，立顿在遵义已认证 1.67 万亩（0.11 万公顷），包括湄潭、正安、道真、余庆和仁怀等县。2018 年已规划认证 3 万亩（1.5 万公顷），包括湄潭、正安、务川和道真。

从某种程度上说，贵州正逐渐靠近希冀已久的全球化标准——共享绿色，共享一杯无差别好茶。

历史纪录一：

都匀毛尖的“标准之路”日记

贵州启动新《标准》前一年，一直致力于打造黔茶领军者的黔南州便率先为茶产业立法，探路“都匀毛尖”标准化发展。2014 年 5 月，笔者进行了报道，刊发于《贵州日报》。

为贵州好生态代言

——都匀毛尖瞄准全国顶级绿茶品牌蓄力突破

99 年前，在巴拿马万国博览会和茅台酒一起抱回奖杯的都匀毛尖，如今正在寻求新的突破：获得巴拿马万国博览会金奖 100 周年盛大的庆祝活动正在紧锣密鼓筹备中；都匀毛尖茶博园和茶文化一条街正在兴建中。

黔南州铆足了劲头打造都匀毛尖品牌，成为我省第一个为茶产业立法的地区：今年 2 月底，黔南州十三届人大四次会议审议通过《黔南布依族苗族自治州促进茶产业发展条例》，在都匀毛尖证明商标、地理标志产品保护、标准化体系以及茶园基地建设等方面都做了详细的界定说明。

“都匀毛尖要做全国极致绿茶品牌。”一位熟悉都匀毛尖发展的地方官员告诉记者。“茶是生态环境的承载品，卖贵州茶就是卖贵州的生态环境。比起沿海地区，我们贵州发展农业有后发优势，要让都匀毛尖成为顶级绿茶的象征，提到都匀毛尖，就能想到贵州的好生态。”

盛名之下的重负

众所周知，都匀毛尖的品牌优势非常突出。在品牌核心竞争力中，浓郁的历史文化色彩为它增添了无数光彩。从明代起，都匀毛尖就是贡茶。1956 年，都匀农民向毛主席献茶，毛主席亲自将茶改名为毛尖茶。

品质的优势使得跻身全国十大名茶的都匀毛尖一直备受关注。

“贵州茶让人印象最深的就是都匀毛尖，这款茶太独特了！”记者采访的省外茶人中，多数都会提到都匀毛尖。

产自平均海拔 1000 米以上的高原，终年浸润在滚滚浓雾中，再加上传统工艺，赋予都匀毛尖独特的气质。都匀毛尖的汤色黄中带绿，白毫个性张扬，是中国绿茶三种口感之一——鲜甜的典范。

2014 年 5 月 8 日中午，都匀毛尖主产地螺丝壳。摆忙乡的村民罗秀莲已采了 3 个多小时茶叶，不到 3 两（150 克）。小竹篓里，2 厘米长短的一叶叶独芽溢着清香。

“由于独芽难采，来买茶的客商又多，所以这几年采摘费一路飙升，今年最高时达到了 320 元一公斤。”常年在都匀螺丝壳收购茶青的客商告诉记者。

炒制工艺上，“一般 5 万到 6 万个芽头才能做成一斤干茶。”摆忙乡省级都匀毛尖工艺传承人张子全说，像自己这样的老师傅，一个晚上最多也只能做 4 公斤。

都匀毛尖名优茶的特质，在业内人士看来也是一柄双刃剑：高海拔、低纬度，意味着好茶，也意味采摘难度大；独芽原料带来了鲜甜，也带来了量少的困扰；传统手工制作，意味着无法标准化因而效率低下。量少价高，已经成为都匀毛尖在全国推广的巨大障碍。

同样不可回避的事实是，经营都匀毛尖这个公共品牌的企业和合作社多而且散。仅在螺丝壳，就有几十家农民合作社各自经营着自己品牌的都匀毛尖。每个品牌都有不同的包装，使得品牌缺乏辨识性。

茶叶机械化发展缓慢、管理水平低下、从事茶叶种植管理的专业人员大量缺乏……一系列在贵州茶产区能感受的“病痛”也在这里经历。同样制约着都匀毛尖的产业化步伐。

去年中国茶叶品牌价值评估，被中茶所俞寿康教授誉为“茶中极品”的都匀毛尖，尚不及西湖龙井的四分之一。

品牌突破之路径

谈到贵州茶产业未来的发展路径，多次到贵州考察的中茶所副所长鲁成银强调：“必须发展品牌！这是贵州茶产业的竞争力。”品牌竞争的核心是产品的差异化，地理标识的推广成为产品差异化的主要策略之一。

无论从地理标识到内涵品质，都匀毛尖的差异性都很明显。品牌突破，其势已聚，其时已至：

基地稳定。去年，都匀茶园总面积达到 25.56 万亩（1.704 万公顷），其中可采茶园 10 万多亩（0.67 万公顷），有机茶园 2 万多亩（0.13 万公顷）；茶叶总产量 2200 余吨，综合产值 6.5 亿元。

参与广泛。都匀市 18 个乡镇、85 个行政村、12.5 万余人从事茶叶生产经营。

茶企众多。现有 47 家茶叶生产、加工、经营企业，企业资产总额 1.5 亿元，其中省级龙头企业 8 家，年生产加工能力可达 1 万余吨。

营销方面也有了更大进展。经过几年努力，都匀毛尖茶产品已遍布省内各茶庄、商场和超市，进驻北京、上海、重庆、南京、武汉、海口、呼和浩特等国内 24 个大中城市，打入韩国及东南亚、欧盟等市场。2013 年，都匀茶庄已发展到 49 家，年人均消费茶叶 300 克，比 2000 年增长 200%。

围绕都匀毛尖品牌提升的一系列措施正有条不紊地展开：

5 月初，黔南州委、州政府出台了《创建都匀毛尖世博名茶知名品牌三年行动计划纲要》（简称“《纲要》”），从基地建设、品牌营销、标准规范修订、科技队伍建设、融资投入和督查领导等六方面做起。

按照《纲要》，今年起到 2016 年，黔南州将用三年时间，创建都匀毛尖世博名茶知名品牌，使都匀毛尖品牌跻身全国茶叶区域公共品牌价值前十名，全州有机茶标准基地发展到 200 万亩（13.33 万公顷），投产茶园 100 万亩（6.67 万公顷），实现茶叶加工能力 3 万吨，综合产值 80 亿元以上。

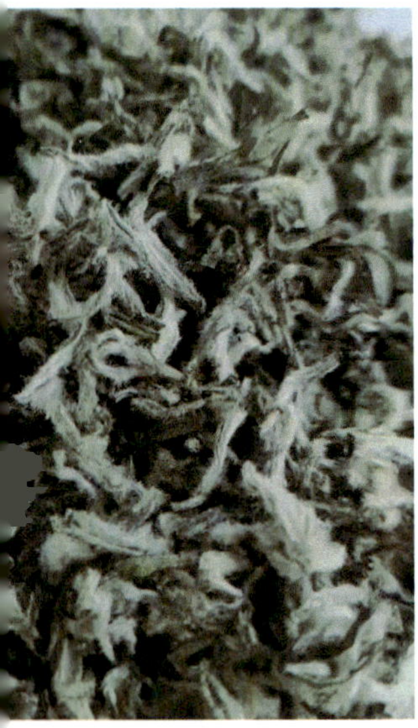

新标准护航新发展

今年4月，都匀毛尖第三次修订了地方标准。在原有名优绿茶级别的基础上，增设高级绿茶类、红茶类、白茶类和青茶类等产品类别，并按照鲜叶等级和成品感观品质特征划分具体产品质量等级。在都匀毛尖大品牌下，形成五大类二十六个等级的茶产业架构，实现了地方标准对州内茶叶产品的全覆盖。

等级延伸意味着产品空间的拓展。

“我们要通过顶层设计，以立法形式加快都匀毛尖的发展。”黔南州人大法制委员会主任委员罗运春告诉记者。

“以前的标准比较高，做独芽手工茶，采摘期只有一个月，属于明前茶，售价必须在1000元以上才能盈利。现在原料可以采用一芽一叶或二叶制作，能够更充分利用茶青。”营销出身的东驰都匀毛尖茶业公司总经理李辉认为，此次修订标准完善了都匀毛尖的市场价格体系，给企业更多的发展空间，更有利于产业链的完善。

“新标准执行后，等级层次拉大，最低层次的都匀毛尖茶每斤只需100元左右，属于高级绿茶的毛峰每斤售价为50～60元。每个人可以根据自己的消费水平和喜好程度选择。”一位做了十多年茶馆的馆主说。

与新《标准》相适应，都匀毛尖茶的加工工艺开始尝试半机械化、机械化。

业内人士介绍，机械生产可减少70%～80%的人工成本，每斤市场售价800～1000元，而手工茶均价则在1200元以上。

李辉结束了“六年痛苦的手工制作之路”，去年投入100万元新上了都匀毛尖生产线，一天生产500～1000公斤干茶，创下了销售翻3倍的记录。

在增加收入方面，人们也找到了更多的办法。螺丝壳农民合作社的带头人张家辉和张子文开始利用夏秋茶制作红茶。去年张子文做了205公斤红茶，每公斤市场售价约1200元，都卖给了来螺丝壳旅游的外地人。今年他打算做到500公斤，提高夏秋茶的下树率。

“都匀毛尖必须抓住现在的发展机遇，快速把品牌的量做起来，以顶级绿茶的姿态集中冲击全国市场。”一位长期关注都匀毛尖营销的老专家如是说。

第七章 贵州冲泡？什么玩意儿

◆余海游在贵州清镇茶园

2007 年，深秋。“贵州绿茶·秀甲天下”首届贵州“万人品茗”活动在贵阳南明区举行。

当年《西部开发报·茶周刊》的记者这样描述盛况：

“从贵阳市甲秀楼到朝阳桥，南明河的两岸被 4800 盏宫灯装饰一新，彩带、空飘随风轻轻摆动，彩虹门、气球、宣传灯笼把现场装扮得五彩缤纷，处处显示出一片喜气洋洋的景象。

‘元旦节到了吗？’一位路过的市民很是惊讶地发出了疑问。

不，这是贵州首届‘万人品茗’的现场。

来自湄潭、凤冈和石阡等 25 个茶叶主产县的 88 家茶叶企业用仿木的油布装饰出来的一个个茶叶展示厅简单而清秀、朴素而大方。每个茶叶展示厅都代表不同茶叶主产县独特的风俗和茶文化。

活动现场阵阵茶香吸引了众多的茶客前来品茗，放的桌子杯子远远不能满足茶客和茶友品茶的需求。

很多市民表示，一下子能品到这么多的好茶还是第一次，同时，贵州有如此多的好茶也是第一次知道。”①

当然，他们不知道的还有主办单位同志们的种种担忧。

活动在贵阳市最美丽的地标甲秀楼南明河畔人民广场举行，大家会不会坐着喝茶没个完？会不会满地都丢得乱七八糟，影响市容？

领导们当时说要相信大家：贵阳市是中国第一个实行无人售票的城市，市民素质高。

果然，喝茶没有占座位不走的。准备的一大批保洁工作人员也没有派上用场。

尽管报载5万人次品贵州绿茶，但是领导们也有些遗憾：那些进城务工的“背篼”（在贵州特指进城农民工。不含贬义）兄弟们没有来喝茶。茶太高大上了，也太贵了。那时候贵州茶量少，有的样品真的只是用来品不是用来喝的，更不是平民百姓的饮品。

自此，贵州开启了十年在省内外大规模“摆摊设点”的万人品茗活动。

抱着“不积跬步无以至天下”的执着，从贵阳市甲秀楼起步，万人品茗活动在北京王府井、上海南京路、广州芳村、深圳东门步行街、宁夏银川光亮广场等城市地标拉开。

早春从北京玉渊潭樱花节出发，从上海顾村樱花节出发，酷暑160家贵州茶企从重庆出发，历时15天，行程近5000公里的“丝绸之路·黔茶飘香”……

每年五一、十一期间在贵州景区开展以“相聚多彩贵州·相遇贵州茶香”为主题的万人品茗活动，让旅游景区成为宣传推广黔茶品牌的重要窗口……

贵州行进在一条为中国大众品茗服务之路。

在茶叶没有量、茶企弱小，又没有资金投入广告的背景下，贵州省农委的算盘打得很精：一斤茶够500人喝，100斤茶可以供5万人喝。这就是最好的体验广告。再把多彩贵州少数民族风情民间歌舞等元素融进来推介，借贵州省旅游局在中央电视台打的广告——走遍神州大地，醉美多彩贵州，一些产茶县顺带着推销当地旅游。

江湖无人识，四海觅知音。

有时，刮风下雨或烈日当头，偌大的广场，卖茶的贵州人比买茶的外省人多。

“哪怕广场上只有一位消费者，我们都要为他服务。”这是贵州人的决心。

---

①王文忠. 南明河畔贵州绿茶齐飘香［N］. 西部开发报·茶周刊：2007-11-21.

贵州茶带着“创造史诗”的英雄情结，在悲壮和热情的伴随中，行进在路上。

2010年，贵阳市甲秀楼。“黔茶飘香·品茗健康”茶文化系列活动开幕式时下起了大雨。人民广场上参加活动的来宾都坐得稳稳的，站着的人很多很多。笔者也在其中。

胡继承淋着雨致辞：“我参加过很多活动，遇到过大雨，没有一个活动会像你们这样风雨无阻，没有一个人作鸟兽散的。这种风雨无阻的精神是黔茶一路前行的动力，你们是黔茶精神的象征，没有人能够阻碍我们前行。”

十年来，贵州人在北京、上海、广州、深圳以及贵阳等城市的地标举办万人品茗，数百万人免费品贵州绿茶……

对于从小作坊上刚成长起来的贵州茶企来说，这是“拖家带口抱着坛坛罐罐”上路的“长征”。

犹记得2006年底，贵州省农委率50多家茶企参加北京博览会。在100多平方米的展厅里，贵州茶企完全像摆地摊。一位40多岁的茶农非常不满意参展位置的安排，拿出了村口闹架的阵仗，横眉怒目一把揪住胡继承的衣领闹起来。其实，当时胡继承并不负责分配展会位置。应了“不打不相识”的理，该茶农后来和胡继承成了多年好友，全身心带领家人在家乡拼出了贵州知名茶企。

笔者从2012年开始跟着贵州茶“南征北战”。每次省农委都要求新的中小茶企加入以寻找市场、结识客户、推广品牌。

很多贵州茶企老板常年在深山种茶做茶，几乎与外界没有联系。一位40多岁黔南的茶企老板连黔南州府都匀都没有去过。一位30多岁黔东南的茶农连黔东南州府凯里都没去过。好几个连贵州省会贵阳都没有到过。

“袁记者，明天展会结束，我们就能去看天安门了！那是我们一家人最大的心愿。”每次在北京采访展会，笔者都会听到这样激动的话语。而他们年迈的父母亲白发苍苍，笑眯眯坐在一旁，牙齿可能就只剩几颗了。

对很多贵州茶企来说，他们走出大山参加展会是看世界，开眼界，完成老辈心愿的。这样的“茶企”离现代企业，还有很长一段路要走。

于是，贵州很多茶企在展会和品茗现场不知道该如何泡好茶留住客人。一开始，能用盖碗泡茶的并不多。不少展台上放的是塑料杯。有客人来，热情招呼坐下，随手抓些茶叶扔进塑料杯，热水哗啦一冲，成了。

笔者好几次听天南海北的茶客点评道：“高山茶就这个味儿，浓、涩。”

有时甚至连烧水壶都没有。有两次笔者赫然看到茶企老板带来的红艳艳铁壳温水瓶礼炮一样放在展台上。

有的展台只简单堆放着塑料袋，摊开茶样。于他们，卖茶和卖菜都一样。

贵州省农委的同志习以为常，看到这样的情况，也不多话，免费提供品茗杯，去买烧水壶，天天守着展会提供服务。

往往旁边就是云南展团。那边再小的茶企也讲究一些市场营销的策略，布置不乏“小清新”“小创意”，泡茶规范。两相比较，落差巨大。

品茗体验活动也收集了五湖四海消费者大量意见。

这促发贵州人越来越多思考：如何快速泡出一杯好茶留住客人？

这杯好茶要简单易泡，茶企和消费者都容易掌握。

这杯好茶要充分展示贵州茶的特点。

◆多彩贵州网组织贵阳茶馆参加贵州茶冲泡免费培训

怎么泡好贵州茶？是个大问题！

中国茶的冲泡方式历经三个阶段。唐朝以前茶不算单独的饮品，加姜加薄荷等，更多保留食用的特征。

唐朝主要是煮茶法，宋朝是点茶法。现在中国茶的冲泡方式源自明朝的瀹茶法，因为明朝散茶成主流。到清末时，六大类茶已经出现，但未进行分类。这时在闽粤地区形成了工夫茶冲泡方式，影响了台湾。通过海上贸易，工夫茶冲泡方式又传到了东南亚地区和其他海外华人区。

20 世纪 70 年代，台湾人根据台湾茶的特性将工夫茶冲泡方式简化形成茶艺。比如增加了闻香杯，以前是喝完了再闻香，现在是先闻香再喝茶。20 世纪 90 年代，这套台湾茶艺传回大陆。

就全国来说，贵州茶艺馆开得比较早。1997 年，贵州第一家茶艺馆开在贵阳市。贵阳茶艺馆定价之昂贵，让全国其他同行羡慕不已。最贵的一泡 800 多元，还要按位置收费。

“因为贵阳没有喝茶的传统，所以特别能接受新事物。这种高消费的茶艺馆在浙江和四川等地开不起的。”茶艺馆老板回忆道。

贵州省茶叶公司的专家王亚兰 1998 年在贵阳第一次走进茶艺馆。她和两个同事抱着好奇心进去体验。一泡茶优惠价是 98 元。当时她月薪才 200 多元。

一泡茶 27 个环节，环环都精心体现了中国传统文化。

这次经历让王亚兰下决心要做好贵州茶艺培训，传播普及基础茶文化知识，教授泡茶的基本功。后来，她成为贵州第一家茶艺培训学校发起人之一。培训内容集全国众家之长，缺点是少了贵州元素。

“按传统方式，一泡茶最短走一个流程下来需要 8 分钟，不适应贵州迫切需要的大众品茗展会快速推广的形式。”王亚兰老师认为现有的冲泡方式明显早已不能满足贵州茶发展的需求。

当时泡茶还遇到一个很大的问题：贵州茶内质丰富，按传统的一些方式泡，滋味浓而苦涩。

贵州茶界著名老专家牟应书当年参加全国评茶，对省外专家评审贵州茶“苦涩”时非常不服气：“贵州茶内质好，不能用同样的投茶量和水量来评审，减量就能解决这个问题。”

后来王亚兰也遇到过一次。务川送来大叶种茶评审，制作者对评审意见不满，提出品种不一样需要减量加水评审。按他的方式泡，“果然滋味很好。”

随着贵州茶产业的发展，每年贵州在各种场合有无数场推广。贵州省领导非常重视茶产业，每次有重要客人到贵州，都一定会亲自推介。过程中暴露的关于贵州茶的问题一点点被贵州省茶办收集整理出来。

贵州茶淡。

贵州茶不香。

炒青味重。

…… ……

“作为高山绿茶代表的贵州茶是最不应该淡的，因为贵州茶的水浸出物含量平均超过 40%，是全国最高的。”贵州省制茶专家莫荣桂说。

据贵州省茶办余海游回忆，她和同事龚雪负责在各种场合泡贵州茶。每次，她们都仔仔细细向胡继承主任汇报大家提出的问题。胡继承每次都和她们讨论下一次怎么改进。这位在贵州省茶办成立前没有好好喝过和认真研究过如何泡一杯好茶的主任开始关注贵州茶冲泡的问题。

与此同时，2014 年贵州省农委着手“贵州绿茶”申报国家农产品地理标志登记保护产品。这意味着随着品饮的标准确定，冲泡方式的明晰更为迫切。因为中国茶涉及种植、采摘、加工、生产、保存、冲泡和品饮几个环节，一般是后面指导前面。

“大家都在琢磨贵州茶的特点是什么，怎么冲泡好一杯呈现出贵州茶特点的好茶。莫荣桂老师请教了 80 多岁的老专家朱志业。这位一辈子研究贵州茶的老专家说，贵州茶特点是嫩、鲜香、浓醇。”贵州绿茶品牌发展促进会秘书长徐嘉民回忆到。

所有一切，都在呼唤一种适应贵州茶特点的新冲饮方式出世。

贵州省茶办的同志们开始了贵州冲泡的实验。

她们发现，使用盖碗用以往习惯 3 克单芽茶 150 毫升水冲泡，得到最多的评价是贵州茶很好，味道淡，不香。通过反复实践，加大投茶量 4 克、5 克和 6 克，用沸水冲泡激发香气，改单芽为持嫩性好的一芽一、二、三叶，解决味道淡和不香的问题，因此得出“高水温、多投茶”。由于水温高、投茶量较多，若冲泡（出汤）时间长了慢了，茶汤会苦涩不好喝，为了缩短等待时间，因此得出“快出汤”。一杯茶一直泡着会由于茶多酚含量远大于氨基酸含量而苦涩不好喝，因此得出“茶水分离”。由于氨基酸和茶多酚等有益物质都是易溶于水的，若按照广为传流的洗茶习惯，则第一泡浸出的有益内含物质将被白白浪费掉，因此在确保茶叶农残、重金属安全和清洁化符合标准的前提下，得出“不洗茶”。

就这样，反复思考、研究、实践的过程，“贵州冲泡”最后演绎为“高水温、多投茶、快出汤、不洗茶、茶水分离”这16个字。

这无疑意味着一场对旧有观念的打破。

因为在传统观念中，冲泡绿茶需用75～85 ℃的温水，以免烫死细嫩的绿茶。

事实上，明朝陈师著的《茶考》中曾写过，杭俗用细茗置瓯，以沸汤点之，名为撮泡。细茗便是嫩芽，都要用沸水。

浙江大学龚淑英教授专门做过“沸水泡绿茶”实验并在《茶叶科学》上面发表了相关文章。

也许很多人不知道，低温更大作用是能遮蔽茶的缺点。

泡茶必备环节之一洗茶主要原因是早期无法把控生产环节的卫生状况。比如洗有些茶是因为制作工艺中用到脚踩，源于对脚气的担忧。浙江有名的岕茶需要清洗，是因山中多泥沙。

传统的泡茶方式还讲究看茶泡茶看人泡茶。作为有经验的泡茶人需了解茶性，风味的表现方式。泡绿茶要体现西南茶区浓爽、江南茶区鲜爽、华南茶区浓醇，等等。

一般人，多听得云山雾罩，不知所措。

所以，当以“高水温、多投茶、快出汤、不洗茶、茶水分离”为教程的“贵州冲泡”一经面世，立刻就遭到了众多的质疑。

在王亚兰看来：这其实跟传统茶文化普及不够有关，“贵州冲泡结合了贵州茶的特点，既展示了贵州茶天然的优良质地，又丰富了悠久的茶文化。”

贵州省农委多年研究农业的杨启林后来生动阐释贵州冲泡：高水温——分子破碎，茶香四溢；多投茶——滋味醇厚，香高馥郁；快出汤——味道鲜爽，嫩绿明亮；不洗茶——自然干净，自然放心；茶水分离——味道均衡，完好如初。

不过这横空出世的新生事物“贵州冲泡”太过生猛，贵州省茶办虽然大力倡导和推广，当时应者寥寥。

这算哪门哪派？

2016 年春，一场推介贵州茶的品茗会在“黔茶锦舍”举行。这场《贵州都市报》承办的“春天邀约”的重点是小范围推介贵州冲泡。

贵天下茶业有限责任公司、贵茶有限责任公司和兰馨茶业有限责任公司的茶艺师现场演绎了都匀毛尖、湄潭翠芽、绿宝石、遵义红等代表性贵州名茶的冲泡方法。

国家高级茶艺技师罗萍是当天的活动主持人。她按照贵州冲泡方法进行反复实验泡茶，觉得这是一种简单易行的冲泡方式，既能展现贵州茶的优秀品质，又能迅速推广。

2016 年 8 月，“绿宝石杯”全国第三届茶艺职业技能大赛上，罗萍老师创作的《贵州冲泡　大道至简》以优异的成绩获得团体组自创茶艺项目第一名。这个作品以艺术的形式将“多投茶、高水温、快出汤、不洗茶、茶水分离”的贵州冲泡上了全国舞台。

这次全国茶艺大赛后，中茶所高级茶艺技师（国家一级）培训班上，周智修老师上课时点评道：贵州获得两个全国金奖及银奖等其他奖项，与贵州领导重视产业发展，重视和研究冲泡有很大关系，几位选手的茶汤质量比拼项目得分都很高。

◆贵阳人刘蕊爱上家乡茶后到英国宣传贵州茶

这时，长期报道贵州茶产业发展的贵州媒体也加入其中。

笔者 2015 年在多彩贵州网建立黔茶频道向年轻网友推荐贵州茶。在多次茶事活动中，笔者发现年轻人对茶的接受度很高，但烦琐的泡茶方式、太过玄乎的茶文化渲染以及茶价的不透明又让大家望而生畏。网站后台数据表明：全国网友对贵州冲泡报道非常感兴趣，热度只低于“贵州茶”这个关键词。

因此，笔者认为这种张扬了贵州茶个性和自信的泡茶方式，非常适合网络推广。2016 年 5 月，笔者带着多彩贵州网内容中心制作组在清镇红枫山韵茶场拍摄了贵州冲泡教程的视频。

贵州省茶办余海游负责展示冲泡。离开家乡贵阳 9 年，英国 VOGUE、时尚芭莎杂志特约艺术指导刘蕊，也自愿参与了贵州冲泡的拍摄推广。

刘蕊对家乡茶的迷恋源于偶然。她在参加华伦天奴 2015 春夏季广告片拍摄进入瓶颈期，大家精疲力竭。刘蕊冲泡的贵州绿茶让英国同事喝了后神采飞扬。从此刘蕊入了“贵州茶坑”。笔者遇见她时，刘蕊花了 42 天时间走了 21 个贵州茶园，一心想把贵州茶泡到英国。她仔细调查过英国人的饮茶习惯：“怕烦琐、需要简单快捷。”

贵州冲泡正符合她对茶冲泡方式的理念。

第一季贵州冲泡以 30 秒一杯好茶的介绍迅速在网络上引起了强烈关注，当月这个教程点击率达 50 万以上。生造的“贵州冲泡”关键词索引比“贵州茶”一词热度高了 10 多倍。

关于贵州冲泡的争论也日渐激烈。

不少人认为贵州在冲泡方式上居然“自立门派”，嗤之以鼻。

2016年9月，贵州电视台6频道《贵州茶香》节目制片人李泉松有感于大家对冲泡“门派”的争论，以《贵州冲泡算不算个流派？》为题在《西部开发报·茶周刊》发表了看法。

在这位每天清早在微信朋友圈发张茶图问候的老茶客眼里，贵州冲泡浅显易懂，没有什么招数的赘述、没有晦涩难懂的套路，更不像一个流派的什么独门绝技，准确地说，倒像是一门基本的功夫和常识。

他反问大家：谈论文化是否应该回归到茶的本质？

《贵州茶香》参评节目中曾有这样的对白：“不是年轻人拒绝了茶，而是茶拒绝了年轻人。”

李泉松认为“贵州冲泡”似乎更加契合时代的要求，具有更好的普世性。有时候，深厚的茶文化不妨用简单的形式来时尚地表达一下，也许会有意想不到的效果。

一些人的“枷锁”被贵州冲泡打开，觉得解放思想，破除了对大师的迷信。以前很多人怕泡茶怕品茶，总怕哪一环对不上大师们的言教，喝茶反而成了束缚。自从知道并用上了贵州冲泡，想喝就喝想泡就泡，自由享受茶叶带来的愉悦，特别轻松。

2016年12月底，贵州省农产品质量监督检验测试中心和贵州省茶产业发展联席会议办公室共同完成第一次“贵州冲泡”实验。实验从感官评审和实验检测两个方面进行，共检测10个参数2000余个数据，针对水温、投茶量（茶水比例）、冲泡（出汤）时间对茶汤品质及对茶叶内含物质浸出量的影响进行研究，用学术贴证明“贵州冲泡”的靠谱。

实验参与者名单有王亚兰和罗萍两位贵州著名茶人，龚雪、余海游、范仕胜、杜青、王志等贵州茶界年轻一辈具有专业背景的茶人。年轻一辈茶人的加入，似乎更证明了贵州渴望更年轻时尚符合当下的冲泡方式。

“贵州冲泡引导大众和年轻人喝茶很好。不是年轻人不喝茶，而是茶的程序太多拒绝了年轻人。茶是多元化的，不要把茶馆泡茶的形式固定在某一种形式上。”王亚兰说。

“从大量的理化指标检测和感官审评数据表明了贵州冲泡的可行性。它可以让更多的年轻人参与贵州冲泡，使泡茶、品茶年轻化，并普及到千家万户，成为一种健康时尚的生活方式，跨时代的茶文化亮点。”罗萍老师在贵州经营过多年茶馆，深有感触。

有人认为，贵州在茶的冲泡方式上没有传统的羁绊，可以采用这种“迷踪拳”，博采众长。

2016年12月29日，报告在贵州茶业经济年会抛出来，大范围地交流贵州冲泡。

推广得最起劲最高调的无疑当属胡继承。他的“好茶不怕开水烫，死猪不怕滚水烫，真金不怕火炼”的“贵州冲泡开场白”迅速走红，并因此圈了一大波90后粉丝“入坑”贵州茶。

高扬的调子下是谦逊的务实：“每个人哪怕只是影响一个人，都要推广贵州冲泡。贵州冲泡，简单方便、想泡就泡、随时随地、无处不在。大家要不惜自己的形象，把身段放低、放柔，不管是官员，还是研究员、教授，我们可以在广场为一个环卫工作者或者保安泡茶，我们可以在任何地方，为一位普通的消费者推介贵州茶，在为每一位消费者推介贵州茶的时候，我们要以平实的眼光看待，或是嫣然一笑。甚至，当我们受到白眼的时候，我们就是一个卖茶的卖贵州茶的，用这种简单方便的方式为大众泡上一杯好茶。”

胡继承笃信贵州冲泡不仅仅是适合贵州的绿茶，也适合贵州的红茶。未来贵州所有的好茶都不怕开水烫、所有的真金都不怕火炼。这也是茶界的贵州自信。

胡继承不放过每一个可以宣传贵州冲泡的机会。在省外，顶着大太阳给西安人、太原人、西宁人……不厌其烦拿个玻璃杯示范“贵州冲泡”。

笔者在采访过程中经常听到外地人用天南海北的口音说：“这老者是贵州人中最会卖茶的，今天收入肯定最多。”

2018 年 5 月 18 日，胡继承在杭州国际博览中心参加第二届中国国际茶叶博览会品牌推介活动之一——雷山文化旅游茶叶推介会。他端了个玻璃茶杯主动上台激情四射展示贵州冲泡。笔者在一楼抬头看：三楼都站满了人在看，在拍。

然而，贵州冲泡依然饱受争议，甚至有人揶揄为“胡氏泡法”。有人直接打电话跟胡继承讲在贵州冲泡争论上保持中立。原因是，泡茶一般都要闷泡，尤其在审评的时候。

胡继承听得笑了：贵州冲泡的高水温、多投茶、快出汤是运用在审评上吗？审评都要闷泡 5 分钟，我怎么会不知道？我们是在推广为大众快速泡一杯好茶。

2017 年 6 月，都匀（国际）茶人会召开前一日，在都匀毛尖主产区之一海拔 1000 多米的螺丝壳山上，胡继承找来了一个锑盆，用贵州冲泡的方法给大家泡茶。省外茶人品后，赞叹连连，觉得大开眼界。

◆龚雪正在贵阳市某小学讲“贵州冲泡”

怎么推广？事关培养未来

如何推广“贵州冲泡”，又带来了新问题。

“贵州冲泡需要一场全民推广的活动，真正走向大众化。但如何确定比赛规则，却是个麻烦事”。身兼贵州绿茶品牌发展促进会和贵州茶文化研究会秘书长两职的徐嘉民说。

按照传统评茶的“五因子法”体现不出贵州冲泡的个性。专家们经过反复试验将其简化为三要素——香气、滋味和过程，也就是把香气释放出来，将滋味展现出来，比赛过程增加了茶方面知识问答，涵盖奉茶过程礼仪。

“我们选比赛茶样，初赛一款，复赛多发放几款自己选，决赛则用指定的一款。比赛规则讨论了5次，却总是不能完善，最后只有先干了再说。反正规则不能一成不变。大道至简，核心问题是理解不同品种茶性如何冲泡。”徐嘉民说，在遵义举行冲泡大赛时，有个女孩子段显莹对贵州茶性了解很深。投茶放了6克，又润了下再摇香。呈现给评委时茶香扑鼻，最后获得了金奖。这些都要靠选手自己感悟。

这也是贵州茶与贵州冲泡的特点，如果用这种方法去冲泡西湖龙井，则香气出不来。

2017年“贵州绿茶首届全民冲泡大赛”在贵阳启动，历时两个月，重在全民参与的普及性和体验性，以及在大众中普及“贵州冲泡”方式。

来自全国各地的375名选手参加了初赛，上至60岁老茶人，下至8岁孩童，专业茶艺师、业余学生、刚学会贵州冲泡的路人……有的想传递茶文化魅力，也有的受亲友影响，有的穿着T恤牛仔裤，穿着民族盛装……

每位参赛者都采用贵州冲泡的方式，在茶叶香气和滋味上接受评委的考核，不浮夸，不炫技，只要能泡出一杯有“翡翠绿、嫩栗香、浓爽味”的贵州绿茶，就能得到评委老师们的青睐和认可。

刚上初二的小男生林耀南只学习贵州冲泡不到一个月便兴冲冲来了。

获奖的都有什么人呢？

金奖获得者90后的马燕玲仅做了两年的茶艺师。仅8岁的女孩张艺龄是获奖选手中年龄最小的。她只学过7次“贵州冲泡”，便在大赛上摘得铜奖。

自此，贵州多次举办了贵州绿茶冲泡大赛以及不同层次的冲泡活动，吸引了社会各界上千人参与。

让大家惊喜的是，“贵州冲泡”的简单易操作让小孩子爱上泡贵州茶。纵观比赛，来参加比赛的4～15岁的孩子特别多。

“弘扬贵州茶要从孩子们抓起。让他们参与、感受和爱上家乡这杯茶。”徐嘉民说。

安顺产茶之乡普定县4岁小男孩郑峻哲连续参加两次贵州绿茶全民冲泡大赛，并在贵州绿茶第三届全民冲泡大赛上获得“最佳萌娃奖”，泡茶技术颇有进步。

第三届全民冲泡大赛上还有普定县4岁的小女孩吴敏，贵阳5岁小女孩杨朱靖萱。小朋友们年龄虽小，但整个泡茶流程和动作非常规范。

去掉“表演痕迹”，率性泡一杯好茶的方式也吸引了很多年轻人。

来自美国波士顿东北大学一年级新生袁华远加入其中。这位贵阳一中毕业的男孩子，爱街舞、会钢琴、能唱歌、擅主持，“吸粉”技能满点。假期回到家乡贵阳，他穿着白衬衣便去都匀参加了首届都匀毛尖茶冲泡大赛。悟性极高的小袁获得了第五名。这让他兴致盎然，继而录制了一期视频，教大家贵州冲泡，为贵州茶走向世界代言。

在很多人眼中复杂的泡茶问题，在黔南民族师范学院19岁的石阡女孩周新眼中简直再简单不过了：这是最简单直接的泡茶方法，很多人可能觉得茶艺很复杂，所以导致刚开始接触茶艺都觉得泡茶太难。贵州冲泡就是让人回归事物本质，不要把什么事情都想复杂了。她代表学校参加过贵州茶艺大赛“贵州冲泡”竞赛总决赛，成为贵州省30位入围“贵州冲泡”总决赛的选手之一。

冲泡大赛请来的省外专家点赞，为贵州冲泡在行业内立足起到了重要作用。

中国茶叶学会常务副秘书长、中茶所培训中心主任周智修研究员盛赞：“贵州冲泡冲出了贵州的精气神，冲出了贵州自信，冲出了阳刚气。”

贵州冲泡，解决了周智修一直思考的生产者与消费者之间的“最后一公里”。

这最后一公里就是：消费者买了茶，拿回家里喝常常觉得这款茶和在店里喝到的不是同一款。因为商家没有告诉消费者，卖给他们的茶叶如何变成好喝的茶汤？

周智修认为贵州冲泡快速教会消费者掌握冲泡方法，这种方法简单快捷，适合现代人的工作、生活节奏。贵州冲泡敢于用高水温泡茶，说明有底气。因为高水温下，茶的品质好坏“原形毕露”，好茶不怕沸水泡。高水温，快出汤，氨基酸会快速浸出来，茶汤就会鲜爽，第一泡茶汤将最优秀的一面呈现出来了，特别适合营销场合。贵州冲泡可以更好地让消费者明白买的茶的特征是什么，茶好在哪儿；多投茶，投茶量一般要5克以上，可以使茶的消费量扩大。

浙江大学茶叶研究所所长王岳飞受邀作为2018“正山堂普安红杯”“多彩贵州·黔茶飘香”茶艺职业技能大赛总决赛评委。他认为贵州冲泡把本地特色完全地体现出来。“每个地方，不管茶文化也好，茶叶也好，都必须要有本地特色，能把地方特色做好，我觉得就是最好的。”

一些教茶艺的老师深入地对“贵州冲泡”进行了解，从内心打消对贵州冲泡的偏见。而“贵州冲泡”最“诡异之处”在于“专业选手会败给业余选手”。

她们被请到贵州冲泡体验周当评委，发现采用“贵州冲泡”泡茶的选手，闻香时茶都比较香，品到的滋味都较为浓醇，将贵州绿茶品质特点充分发挥。这些业余选手有在西北卖苹果的40多岁的选手、在西安不喝茶的选手，都是在老师指导下现学现泡。

反之，没有采用“贵州冲泡”方法的选手多数是学茶专业的，大都采用花式的方法慢慢地冲泡，香低味淡，不能很好地突出贵州绿茶的特点。

贵州茶业经济学校茶专业教师范乔在“贵州冲泡”体验周当评委后无限感叹道：“我如果直接上去比赛恐怕不会得名次。”因为固有的习惯没有改变。哪怕多投了茶，水也是刚烧开的，她会很自然地把水壶提高了冲水泡茶。这些固有的习惯都是老师教的。

贵州盛华职业学院茶学院茶专业教师王琳觉得“贵州冲泡”打破了大家认为泡好茶难、泡茶费时、茶不好喝等思想。

看似云淡风轻的“贵州冲泡”，实际上是将专业的审评方法化为大众能便捷冲泡好茶的利器。

2018年6月，由贵州省绿茶品牌发展促进会组织召开的《贵州茶叶冲泡品饮指南》团体标准讨论会针对标准中不同外形绿茶、红茶产品冲泡建议参数、贵州冲泡方法与传统冲泡方法比较等重点内容进行了实验设计并广泛征求了意见。

一个月内，省内专家分别开展了2次、为期10天的冲泡实验。实验样品来自市场销售的具有贵州代表性的绿茶和红茶样品，在茶青原料上，覆盖独芽至一芽一叶到一芽二三叶；从品类上覆盖扁形、卷曲形和颗粒型茶；从产地上覆盖黔北茶区、铜仁茶区、黔南茶区、黔东南茶区。通过科学的实验，得到了“贵州冲泡”建议参数，完成了标准编撰。

2018年7月12日，《贵州冲泡》团体标准立项审查会在贵阳召开，贵州省绿茶品牌发展促进会邀请省茶办、省茶叶研究所、省茶叶标准委员会等有关专家对标准进行了审查。

立项会前，贵州省绿茶品牌发展促进会邀请并组织省内评审专家历时5

天时间，经过 50 多次实验，根据《茶叶感官审评方法》（GB/T23776—2018）中审评办法，采用正交表对第一泡茶汤进行三因素三水平正交实验，通过冲泡水温、冲泡次数、冲泡时间、茶水比对茶汤品质的影响研究，得出了冲泡水温、茶水比、冲泡时间的最适合搭配。

当然，前行的路还有很长一段要走。

2018 年 7 月 27 日，胡继承参加第五届中国—东盟茶文化论坛，依旧看到门口女孩男孩慢悠悠泡茶。他很不高兴地在演讲中提及。

“我们今天来开会的所有人，可能喝到他们泡的茶不到二十分之一。今天是茶专业的活动，茶歇就 10 分钟吧，要让所有的人喝到一杯茶。我们坐在前排的有茶，后排的我相信很多人没有喝到茶。我告诉他们，我说你们这个平台，不是为坐在前面的那几个人服务的，是为整个会议服务的。如果是我们茶办的活动，一定是要让参加会议的每一个人都喝茶，我们 5 分钟之内要让每一个人都有一杯好茶喝，要使用‘贵州冲泡’。”

不管怎么说，“贵州冲泡”倡导的“不洗茶”后来在 2016 年绿宝石杯第三届全国茶艺职业技能竞赛中得到了应和。大赛多了一项评判标准“洗茶扣三分”。洗茶被认为不符合中国茶理。在这种群英荟萃的全国大赛，零点几分就可以甩掉很多人的情况下，扣三分体现了“不洗茶”的合理性有多高。2019 年中国茶叶学会发布茶艺职业技能竞赛技术规程团体标准，洗茶扣 3 分继续被列入竞赛裁判项目。

这一步，被一向视为欠发达地区缺乏自信的贵州人抢先迈出……

第八章　出产平价茶王的斗茶赛

◆斗茶赛评审

中国斗茶一般不外乎这两出：要么比哪家茶叶好，要么比哪家冲泡技术强。

自唐朝末年，斗茶赛开始。到了宋朝，比冲泡技术哪家强的斗茶赛一度兴盛。

据考证，宋朝的斗茶赛来源于茶百戏。

据记载，公元960年前后，宋朝官员陶谷写成《清异录》，其《茗荈录》一门记录了当时品茶习俗的新变化（茶至唐始盛）。这种变化即茶百戏。说的是：近世有下汤运匕，别施妙诀，使汤纹水脉成物像者。禽兽虫鱼花草之属，纤巧如画，但须臾即就散灭。

从茶百戏开始，一种新的品茶方式（斗茶）开始由建州地区流行起来。衡量斗茶的胜负，主要看谁通过搅拌，能使茶汤表面形成厚厚的泡沫（沫饽、乳花），且经久不散。斗茶之风很快盛行到全国各地。

文人、诗人和官员无不好斗茶，并因此发展了极为繁复的茶汤品鉴过程，其风之盛一如今日之品酒会。为一较点茶技术的高低，参加斗茶的文人雅士在各个环节都要比拼“功力”深厚：碾茶、筛茶、候汤（掌握汤水的温度）、熁盏（注茶前用沸水或炭火给茶盏加热）、点茶（令茶汤盏面起沫）。由于很难观察到汤瓶中汤水煮沸与否及其煮沸程度，斗茶时通常通过听水声来分辨汤水

的老嫩。水煮到“如风入松，如水过溪”时恰到好处。[1] 仅是候汤就有“三大辨”“十五小辨”。“三大辨”包括形辨、声辨和气辨，非常考验功力。

现在中国很多斗茶赛一般既斗茶好又斗冲泡技术。常常为了突出“档次”高雅，选在风景优美人迹难至的小茶村里，参与者多是顶级“发烧”友，号称斗茶斗出土豪来，以喝下“几套房子”为荣。

一般称之为茶人的一场“悟道修行”……

以小众突出品质的手工炒茶也是主流。通常曰：手工炒茶考验的是人与茶的融合度，以心入茶、以情入自然，并将参悟淋漓尽致表达出来。那才是当之无愧的茶王。

大山深处的贵州人却不按“套路”出牌，有时就很爱干点标新立异的，比如斗茶赛。

贵州人的斗茶赛竞争激烈，站位高，但朴实无华，目标明确有力。

竞争有多激烈呢？

2015 年，贵州启动了首届斗茶赛，分春秋两季斗茶。春季斗茶赛 138 只茶样是从 46 个县（市、区）近 1000 家企业 1300 多只茶样中层层筛选而来，历经 9 个市州初赛，通过理化指标与安全指标检测、专家审评、现场评茶和综合评审等关口，参赛茶企平均每 4 天就要接受一次“残酷考验”与“厮杀”。秋季斗茶赛 80 只茶样则从 29 个县（市、区）181 家企业 348 只茶样中产生。

2016 年，37 个县（市、区）86 家企业的 106 只茶样最终只有 27 只茶样进入总决赛。

2017 年，115 家企业选送 155 只茶样参赛最终只有 30 只茶样进入总决赛。

站位有多高呢？

斗茶赛由贵州省政协主办。连中茶所的专家都在感叹，斗茶赛这种大众赛事在国内好多地方怕是市级领导都请不到。

---

① 梅维衡，郝也麟. 茶的真实历史［M］. 高文海，徐文堪译. 北京：生活·读书·新知三联书店，2018：41-42.

2015 年 5 月 17 日下午，贵州省首届春茶斗茶赛决赛现场——省政协主席王富玉致辞。省政协副主席黄康生宣布斗茶大赛开赛并鸣锣，省政协副主席陈海峰、左定超、班程农、李汉宇、蔡志君，省人大常委会原副主任庹文升，省政协原副主席王录生出席。

2016 年秋季斗茶赛阵容：贵州省政协主席王富玉，贵州省人大常委会副主任傅传耀，贵州省政协副主席孙国强、陈海峰、谢晓尧、李汉宇和蔡志君等出席。

2017 年秋季斗茶赛出席的名单：贵州省政协主席王富玉讲话。省人大常委会副主任、省茶文化研究会会长傅传耀，省政协副主席蒙启良、陈海峰、谢晓尧、陈敏、李汉宇、蔡志君和黄家培等出席，蒙启良鸣锣宣布斗茶赛现场评茶开赛，谢晓尧发布《贵州地区古茶树样本基因转录组测序成果》。

斗茶赛的目标从一开始起，便紧紧围绕着为大众提供干净好茶。

在首届斗茶赛上，王富玉在致辞中阐述贵州斗茶围绕消费者开展：斗出洁净，让消费者喝上健康放心的茶；斗出品质，让消费者喝上外形滋味香气美好的茶；斗出标准，让消费者喝上营养丰富的茶；斗出综合实力，让消费者知道贵州的茶、认同贵州的茶、消费贵州的茶。

这位省政协主席为贵州斗茶赛定调：斗安全、斗品质，为大众斗，斗出老百姓放心喝、喝得起、买得到的大众好茶。

正是在大众干净好茶的指导下，贵州斗茶赛逐渐形成了中国茶叶行业全新赛制。

贵州斗的是“大众茶”。不斗价高量少的手工茶，而是斗以机制茶为主的茶。不斗独芽茶，而斗嫩度不高于一芽一叶的茶。

第一届春茶斗茶赛设立过手工茶组。但在当年决赛中，主持人是这样解释的：“传统范畴大家可能认为手工茶是最好的，这个说法用在传统技艺传承方面是对的，但手工茶的制作与制茶师傅的手艺密切相关，每一批茶

的品质和口味都无法统一。特别是对茶园面积达到600万亩（40万公顷）以上、成为全国第一的贵州来说，手工制茶已远远无法适应贵州茶的规模化、标准化、品牌化战略，远远满足不了广大消费者对贵州茶叶的需求。贵州茶产业要发展，不仅需要以质取胜，还更需要有量，有标准。贵州就是要用标准来推动一芽一叶等原料的大规模生产，让做干净人、干净茶成为贵州茶界的共识。所以，这才是我们今天倡导机制茶的原因。我们就是要让更多统一标准的茶走进千家万户，做老百姓愿意喝、喝得起、买得到、放心喝的好茶。”

即便是选出了茶王，也是奔着“飞入寻常百姓家”的目的。

大方县以利茶场的以利绿茶夺得最受关注的2016秋季斗茶赛绿茶茶王称号。这款在“高手如云”的贵州绿茶里艳压群芳的茶王价值几何？80～200元一斤。

2016年，贵州省湄潭盛兴茶业有限公司的遵义红夺得红茶组冠军。获奖的遵义红口感浓烈，甜香略带花香，售价一斤200元以内。

2017年，贵阳开阳蓝芝茶叶有限公司选送的蓝芝冷香夺得秋季斗茶赛绿茶茶王。这款有机茶市场售价一斤280元，可用冷水泡茶。在当年上海茶博会上也拿了金奖，黔茶杯上也获得过金奖称号。

2015年6月18日，贵州首届春茶斗茶赛选出的5大金奖茶王公开拍卖，将茶王的起拍标底价定为企业产品的零售价，打破了以往价高量少的炒作行为。整场拍卖会拍出茶叶557公斤，总金额202万余元。这也是贵州茶品牌的第一次公开拍卖会。

除了第一届斗了春茶，三年来，贵州斗的都是物美价廉的夏秋茶。在茶界，谁都知道春茶暴利，号称“做一季吃三季”。于是乎，春茶斗茶赛才是王道。

贵州选择了在中国茶叶界开创秋季斗茶赛。这是中国首次以省为单位的秋季斗茶赛。

原因很简单，在中国茶界，夏秋茶等同于大众茶、低档茶、便宜茶，自然没有一斤几十万天价茶那样提神，关注的人少。业内人士说：拍卖夏秋茶，不是“傻子”就是骗子。

贵州却有做夏秋好茶的优势。

贵州高海拔气候冷凉，平均海拔 1100 米，病虫害少，安全性高。海拔 1000 米以上的地方，年均气温 15 ℃，安顺、六盘水和毕节夏天的平均气温只有 20 ℃，没有真正意义上的夏天。

2015 年首届秋季斗茶赛上有 5 只绿茶综合表现非常优秀。省外来的 3 位专家根本不相信是 5 月 6 日以后的原料制作的。他们专门把这 5 只茶样拿出来复评，最后才确认是夏秋原料制作的。这 5 只绿茶原料海拔均在 1200 米以上。

2016 年秋季斗茶赛专家组组长浙江大学龚淑英老师是第一次参与贵州夏秋茶斗茶赛的评定工作。评定结束后，她非常惊喜：贵州夏秋茶浓度和纯度好，醇厚，欣赏性高，仍然保持着较高的水准，与全国相比还是较高的。

“此次斗茶赛的茶样，范围广、标准把关严，总体水平在全国都算不错。”贵州省绿茶品牌发展促进会专家组组长、高级茶技师莫荣桂说，他是 2016 年秋季斗茶赛专家审评团评委之一。101 只茶样中有 45 只达到 GB/T23776—2009 国家甲档名优茶标准（90 分以上）水平，其中绿茶样品的总体品质水平表现最好，特别是卷曲形的茶样内质水平高于其他形状样品的内质水平。

贵州人在工艺上也进行了创新和探索。贵州著名的绿茶“绿宝石”用夏秋茶制作，喝不到苦涩味，靠的是“走水”工艺。

贵州的红茶，像普安、晴隆和湄潭等茶区，石阡苔茶和贵定鸟王种等地方品种，夏秋季生产的红茶外形紧实油润，香气甜香花香果香明显，滋味甜润醇滑，普遍优于一些地方用春季原料生产的红茶。“正山堂”在贵州用安顺、石阡和普安等地一芽一叶的原料试制的红茶品质优于他们试制的春茶。

这让贵州人有底气说，贵州夏秋茶可以做到江浙皖雨前茶和清明茶的水平。

当年现场评审的14只绿茶，每斤生产成本不超过100元，以其优异品质在市场上可以卖到200元每斤，甚至更高。

夏秋季生产的红茶成本比春季普遍降低一半，性价比高。石阡的企业用石阡苔茶一芽一叶原料做的红茶拿到武夷山“斗茶”，对方判定，石阡红茶品质可达到当地红茶产品价格体系的2000～3000元每斤，但那几款石阡红茶零售价只卖二三百、三五百。

更重要的是，为大众提供好茶，必须是一定规模和批量的。这与中国传统斗茶以小众、以芽叶形为方向迥然相异。贵州的斗茶赛不是寻觅“灵光乍现”稀少的手工茶，而是以机械化、大批量为方向。于是，春茶斗茶要有500斤来“背书”，秋季斗茶则要有2000斤来“背书”。光这个量，便让一些只想精做三五十斤好茶评奖把价格炒起来再用次品去忽悠消费者的茶企退却。

贵州茶斗的是“干净”。一般中国的各类斗茶赛主要是斗品质，很少凸出安全及标准方面。贵州茶样首先要经过质量安全的检测。斗茶赛三年，贵州省各地选送茶样共479只，其中37只茶样因为质量安全和理化指标检测不过关，没有进入专家评茶环节。有的是水分超标，有的是理化指标不合格，有的是水浸出物不达标，有的是铅含量超标。

自2016年秋季斗茶赛9月18日启动后，贵州省农产品质量安全监督检验测试中心根据国家有关标准以及2015年最新颁布实施的贵州省十大品牌新标准，分别对检测水浸出物、总灰分、水分、氟氯氰菊酯、联苯菊酯、氯氰菊酯、溴氰菊酯、吡虫啉、草甘膦和铅等10项指标进行检测。5只茶样因铅含量、水浸出物、水分含量等个别指标不达标被淘汰出局，101只符合标准的茶样进入专家审评。

每次斗茶赛组委会都不怕“揭丑”，向新闻媒体进行相关的通报。

贵州斗的是“大众好茶”。中国的斗茶评比都是专家说了算，贵州斗茶赛则是专家审评的基础上加了大众现场评茶，专家分值只占总分值的75%。

贵州人的斗茶一直游走在科学家、专家、卖茶人、做茶人、消费者和宣传者之间。

首届春季斗茶赛，现场有14位评委评审。除了专业评审组，还有7位是多彩贵州网茶频道网上招募的大众冲泡评审，包括笔者。通过看外形、嗅香气、观汤色、尝滋味、评叶底等5个方面，按照茶叶感官审评国家标准独立完成现场审评打分，最终经过综合评审，评选出绿茶、红茶、其他茶类、手工茶、古树茶“贵州茶王”。

网络招募的大众评审更多是从消费者角度判断茶好不好喝，然后进行打分。因为有时专家认定的好茶未必是大众心中的好茶。一位来自贵州大学的大众评审甚至对媒体表达出

“爽！我选出了三大茶王”的欣喜。

贵州茶借着斗茶赛，也收获了来自五湖四海专家的认可。

中国农业科学院茶叶研究所研究员刘栩参加完2017年秋季斗茶赛评审后用“白金时代”称赞贵州茶。这是他第二次参加贵州的秋季斗茶赛——第一次是2015年首届秋季斗茶赛。他认为，贵州秋茶各有特色，展现了贵州各地域的生态优势。从审评过程来看，贵州企业选新品种、用新技术，加工水平稳定，茶叶品质稳定，恰恰说明贵州茶产业正在实现弯道超车，迈入“白金时代”，从茶叶大省向茶叶强省迈进。

中国农业科学院茶叶研究所专家、国家一级评茶师金寿珍自称是贵州茶的“茶粉”。她发现贵州送检的茶叶样品农残少，合格率高，非常难得。这与贵州海拔高，云雾大，空气、水源干净有关。她觉得这几年贵州茶产业整体水平不错，发展均衡，茶叶品质、加工技术、品牌打造等环节都有了很大进步。

2015年，中国农业科学院茶叶研究所专家、国家一级评茶师张颖彬第一次到贵州参评首届秋季斗茶赛，也是第一次全方位接触贵州茶。她发现贵州茶品种丰富，品质不错。送评的茶样，大多是一芽一叶以上老百姓喝得起的茶，加工技术较好，称得上“品貌出众”。贵州茶给她留下了深刻印象。

贵州斗茶赛获奖的“黑马”茶企特别多，笔者当年在撰写获奖评语时好几个企业在网上找不到相关资料。好成绩连“茶王”自己都没想到。

2016年斗茶赛古茶组冠军毕节市七星关区亮岩镇的驻村干部李德亮接受记者采访用了“万万没想到”表达了惊喜。两年前，太极村里树龄800年以上古茶树没人要没人管。自去年他驻村以后，才开始带领村里的干部一起开发古茶树资源，钻研加工技术，发挥古茶的特质。参赛只是来“学习取经”。

不少茶王都是专注在大山中做茶，对市场营销没有多少概念。2016年秋季斗茶赛产生的三大茶王领奖后未接受采访便离去。急得胡继承一个箭步上台拿了话筒大声说：“把茶王统统喊回来接受采访！这样好的宣传机会赶紧利用起来！”

斗茶赛“屡败”屡战，茶王们在不断“斗”中调整发展方向。

大方县以利茶场是一个20多年的老茶园，海拔1000～1300米。2015年获得秋季斗茶赛银奖以后，他们的目光紧盯“茶王”。以利茶场把之前追求茶叶的产量变为坚持做有机、高品质、性价比高的绿茶。于是，2016年，他们如愿以偿抱走了绿茶茶王。

2016年贵州省湄潭盛兴茶业有限公司的遵义红夺得红茶组冠军。媒体用了“卧薪尝胆之后的华丽转身”来形容这次夺冠。

盛兴茶业有限公司在贵州制作红茶上非常有名，“遵义红”是其得意之作。然而，他们在2015年和茶王擦肩而过，其用一年的时间全力备战。

公司打破选择本地品种做红茶的惯性思维，从全国各地引进适合做高端红茶的优良品种，如金牡丹、黄观音、金观音等，并大胆拼配。盛兴茶业有限公司每天都变成了“兴致盎然的实验室”，经过对茶样调整比例、工艺创新的不断探索后，几款色香味美的茶叶诞生了。他们用这几款茶叶新品，抱着试一试的态度参加了国际国内几项赛事，结果都不负众望地分别拿到了奖项。其中一款在当年中国茶叶学会举办的第四届“国饮杯”中拿到了“特等奖”。有这样雄厚的资质，抱走全省的红茶王也就条件成熟了。

茶王来自对工艺的不断钻研。

夺得2017年秋季斗茶赛红茶茶王的贵州寸心草有机茶业有限公司为了提高红茶的制作工艺和水准，专门从福建请来专家进行细致指导。

2015年，贵州省秋季斗茶赛，来自清镇红枫山韵茶场有限公司的茶样“湖城明珠”斩获绿茶“金奖茶王”。专家认为：该茶外形呈盘花颗粒状，较重实，有毫，深绿较润；汤色嫩绿、清澈；香气醇爽有嫩栗香；滋味鲜醇。

成功当然是下足了“苦功夫”。

2007年贵州加快茶产业发展，红枫山韵茶场有限公司老板张卫民决定自己种茶做茶。此前他做散茶销售多年，发现品质一年不如一年。圈子里的不良商家也越来越多，以次充好破坏贵州茶叶市场。只是他仅从事茶叶销售，没法去改变这个状况。

为找到一块好地方种茶，张卫民走访了贵定、平坝、普定、安顺等地。最终，他选择了靠近清镇红枫湖的一片荒山。几番权衡后，张卫民决定做成本投入高的有机茶。

由于缺乏种茶经验，他按照别人的指点进行开沟、施肥、种茶苗。茶树开沟一般为40厘米，他开了70厘米。土壤里的有机肥被吸收后，出现30厘米的空层，导致当年种下的100亩（6.67公顷）茶树只存活了60%。

2011年全年，他用了2500公斤茶叶做实验。茶叶的制作工艺有了质的提升，茶叶的汤色和滋味得到极大的改善。张卫民又开始着手改善茶叶的外在表现。

成功都是无数失败的积累。张卫民制茶的工艺逐渐得到社会认可。他成了贵阳市发布的《雀舌生产标准》和《毛尖生产标准》的制定者之一。张卫民这款斩获绿茶王的“湖城明珠”是贵阳市农业委员会开展“贵州珠形茶成形技术创新及应用”课题的具体应用。他是这个技术的首个使用者。

然而，在2015年贵州省秋季斗茶赛获奖后，张卫民说道，“得到金奖茶王仅仅只是一个开始，并不是终点。我是因为综合评分第一，才收获茶王称号的。在这次比赛中，有的茶样叶底比我好，有的茶样汤色比我好，这些都是我还应该改进的地方。”

茶王背后，有不少是“外行”多年坚守做好茶。

2015贵州春茶斗茶赛上，来自贵阳开阳县的“黑马”贵州岚宇茶业有限公司勇夺白茶及其他茶类金奖。专家评语是该茶外形凤尾形，较直，嫩黄；汤色嫩绿清澈；香气清高；滋味鲜强；叶底嫩匀成朵，叶白脉绿，匀净。

贵州岚宇茶业有限公司总经理50多岁的卢建华曾是当地开砂石厂的老板。2008年，贵州省经济转型大力发展生态绿色环保产业，经朋友介绍，老卢开始接触当时贵州正在加速发展的茶产业。他选取了开阳县龙岗镇高寨乡做白茶，以原生态无公害方式管理。

2010年12月，卢建华的茶园被贵州省农业委员会认定为贵州省无公害产地，并获得了“无公害农产品产地认定证书”。这进一步坚定了卢建华做生态茶园的理念。

◆ 2014 年雷山雷公山之春
摄影：张家裕

在茶园的种植管理上，卢建华采用了“零容忍”的制度。卢建华在每个村里建立了执法大队，对茶园进行实时监管。如果突然发现出现农残超标的情况，该茶园的农户将进入黑名单，在今后两年里将无法出售茶青。

至于茶园下树管理，卢建华完全不讲人情。一位常年在茶园进行采摘工作的茶农这样说道：“每次进茶园采摘时，有人专门检查我的指甲脏不脏，如果有，工作人员就拿着剪刀将我的指甲剪了。只有通过了检查才能挂牌进入茶园开展采摘工作，不挂牌将无法进入茶园工作。”

2013 年，老卢终于迎来了茶园的第一个辉煌——投产期。不料，由于生产工艺简陋，生茶出来的白茶茶形完整度不够，看上去也比较单薄。这可急坏了老卢。他立马请贵州省茶叶研究所的专家现场进行指导。专家走进门看到老卢的生产线转身就走。老卢不解，赶出去追问专家为什么不继续参观了。专家只说了一句：“你那是给人喝的吗？”老卢这才发现了问题所在：他的白茶都是摊放在地上的。

卢建华先后改进了制茶工艺和清洁化生产流程，整个生产过程实现了茶叶全程不落地。当年“茗鹤春”开阳富硒白茶就获得了黔茶杯的一等奖。

2014 年，“茗鹤春”开阳富硒白茶便获得了黔茶杯的特等奖。同年，通过了 HACCP（危害分析和关键控制点）认证和 QS9001 认证。

2015 年，卢建华在茶园管理上又进行了一些改进，除了施有机肥，又增加了蚯蚓肥和油菜饼。这样做虽然增加了种植成本，但白茶品质得到了进一步提升。他又对茶叶的生产工艺进行了改进，生产出来的茶无论在口感还是外形上都达到了名优茶的水准，尤其是茶形的完整度，在不挑拣的情况下，达到了 95%。最终，他捧走了 2015 年贵州春茶斗茶赛白茶及其他茶类的茶王称号。

贵州茶王也往往与扶贫联系一起。

夺得了 2015 年贵州省首届春茶斗茶赛红茶类金奖“茶王”称号的琦福苑茶业有限公司，带领湄潭县高台镇脱贫。

高台镇是省级一类贫困镇，山高、路陡、人穷，做茶之前农民人均纯收入才 810 元，90% 的财政收入来自务工。

2012 年 10 月，琦福苑茶业有限公司董事长叶章涛为寻找茶园来到高台镇。他发现这里是风化石红壤土，属于茶树生长上乘地区。土壤、水等样品检测结果出来后，叶章涛将高台村作为公司茶园基地以及主要的扶贫点。

琦福苑茶业有限公司以每亩 100 元的价格在高台镇高坡承包 500 亩（33.33 公顷）荒山种植茶叶，建设高品质母本园基地。

叶章涛算了笔账：“100 亩（6.67 公顷）茶园可以解决 10 个人的务工问题，在外打工的年轻人在家门口就实现了就业，还能照顾家庭。”他免费发放新品种茶苗 680 万株，鼓励当地农民发展种植了 30 000 亩（2000 公顷）金牡丹、金观音、黄金芽、紫鹃等茶树新品种，公司以市场指导价格收购茶青。

高台镇党委书记王文进也算了笔账：“每亩茶园每年可产 1000 公斤茶青，按照平均 12 元每公斤计算，每亩毛收入 12 000 元，每个茶农至少可以增收 3000 元。”

◆ 2015 年开阳蓝芝茶园

2015年，在山上劳作的茶农蒋世芬也算得清清楚楚："家里的5亩（0.33公顷）茶园全投产了，今年净赚2万多元钱，成功摘掉了贫困帽。"

不少茶农还利用现成的茶园美景发展旅游。

2015年年底，高台镇实现了整体脱贫，当年的荒山仅用三年时间就变成了金山。一时间，高台镇也成了公认的产好茶的地方。叶章涛的父亲叶文盛有着30多年的茶叶生产加工经验。他说："秋天采的茶香气高，尤其是新品种金牡丹，鲜叶都有一股特殊的香味，加上湄潭高台特殊的土壤、气候等环境和全程高标准的管控措施，随机检测都可以保证达到欧盟标准，再通过特殊的加工工艺，制出的'遵义红'红茶品质极好。"

无可辩驳的是，贵州斗茶赛这个平台，成为助推贵州茶产业加工提升的重要平台和载体。

作为参加了三届秋季斗茶大赛的评审，牟杰认为大赛促进了贵州秋茶的开发，对于贵州茶产业的短板——加工技术也有了较大程度的提升。2017年斗茶赛茶样与往年相比有了明显的变化，最关键的就是加工技术的提升，许多茶样外形精细优美，滋味上表现不俗，这是最大的突破。

"斗茶赛是一个茶叶集成评比的大战场、练兵场，形式上是茶叶和茶叶之间的比较，本质上是茶园管理者之间，制茶机械、制茶工艺之间，产品标准之间的较量，比的是茶园管理水平的高低，拼的是制茶技艺的优劣，评的是茶叶理化指标、安全指标和感官指标是否达标。斗茶能充分检阅贵州茶叶加工整体水平，检验加工所处的发展阶段。"王富玉在2017年秋季斗茶赛上总结道。

第九章 十年鑄剑 中国第一个省级茶叶地标

2007 年，“贵州绿茶 • 秀甲天下”大旗在贵阳甲秀楼万人品茗活动祭出。

在当时，大旗张扬的是贵州人聚集群雄体现的愿景。

几年后，“贵州绿茶”已经从口号变成了中国第一个省级茶叶地理标志（简称“地标”）产品，带着“产业领头羊”的光环急速前进……

所谓“地理标志茶叶产品”，指的是产自特定地域，所具有的质量、声誉或其他特性本质上取决于该产地的自然因素和人文因素，经审核批准以地理名称进行命名的茶叶产品。[1]

正是这样的标志，向消费者传递出炽热的信号：该茶叶产品具有某种独一无二的特色，而这种特色源于其地理原产地的自然和人文因素。

推动“省级大地标”建设是个目标宏伟听起来激动人心的大事，但干起来却是难点接踵而至。

抛开特定生产区域，特定历史文化和生产技艺，独特产品品质以及与其他茶叶产品区分开来

① 中国国际禅文化研究会. 茶和天下“ 一带一路”视野中的茶和茶文化. 杭州：浙江人民出版社，2015.

的名称和声誉这四要素，光是协调各方利益就令人极为头痛。通俗点形容，类似推选一位新人出来做武林盟主一统天下。

早在2009年，浙江便有意推选出这样一位“武林盟主”——“浙江绿茶”。

当年，浙江绿茶出口总量占世界一半以上。浙江省农业厅特向国家商标总局申请注册“浙江绿茶”商标，期望“浙江绿茶”大旗一挥，引领西湖龙井、安吉白茶、台州羊岩勾青和余杭径山茶等浙江省内近50位身怀绝技的“绿茶英雄”谱写新篇章。

但是谁心里都清楚，在这种高手林立的老牌绿茶主产区，且不论早有“西湖龙井”绿茶宗师“立上头”，后有“安吉白茶”等武艺超群的兄弟们在江湖“开宗立派”，“浙江绿茶”这位候选人想露出“尖尖角”一统江湖委实太难。

当时的现状是，要带领一众“羽翼还未丰满”的兄弟共赴锦绣前程，贵州绿茶要成就“一方诸侯”，绝非易事。

◆首部《贵州绿茶绘本》编校中

贵州绿茶那些往事

贵州茶辉煌的历史文化按下不表，单从技艺方面——贵州启动现代茶业开始谈起。

1940 年 2 月 1 日，民国中央实验茶场正式在湄潭成立，中国第一个国家级茶叶科研生产机构诞生。1941 年 4 月，民国中央实验茶场成功试制了“仿龙井”“湄绿”和“玉露茶”等绿茶产品。特别是“湄绿”被当时一大批专家赞誉为“色绿、形美、味醇、馥郁”四绝，堪与杭州西湖最佳狮峰龙井相比。这是贵州省首次创制扁平类名优绿茶，并开始了机制茶的加工，开启了贵州现代茶叶产品研发之先河，对后来贵州省绿茶产品的开发产生了重要影响。

新中国成立后，在“巩固提高现有茶园，加速改造低产茶园，积极发展新茶园”和“提高质量，保证边销，增加内销，扩大出口”的方针指导下，贵州茶叶生产得到很快恢复和发展。

自 1953 年起，贵州集合了绿茶精制加工技术创建贵阳茶厂并生产“黔绿”茶叶系列产品。1959 年“黔绿”产品开始外销欧美等国家和地区。“黔绿”便是“贵州绿茶”的简称。此期间，主产县推广烘青绿茶初制加工技术、推广外销炒青绿茶的初制加工技术；面对缺电缺铁经济落后的情况，贵州省相应推广创研的歪锅炒茶炉灶、铁木结构滚筒杀青机和炒干机、或手推或畜力或水力的木质和铁木结构的揉茶机；及时制定黔绿炒青毛茶标准样、烘青毛

茶标准样指导全省黔绿毛茶收购工作。

从某种程度上说，日后的“贵州绿茶”是立于“黔绿”奠定的技术标准和产业基础上的。

2007年起贵州绿茶谋局天下，省内各绿茶好汉更是从山高水陡成千上万的山头一路斗技艺比特色拼杀过来。

从十大名茶“PK”（对决）到五大名茶再到“三绿一红”，过关斩将，场面激烈。

2009年，270万人次参与贵州十大名茶评选。这是贵州举办社会活动投票以来，参与人数最多的一次。

2010年，1370万人次参与五大名茶评选，产生三大名茶。“湄潭翠芽”“石阡苔茶”“凤冈锌硒茶”“梵净山翠峰茶”“贵定云雾贡茶”及安顺“瀑布毛峰”被评为“2010年贵州五大名茶”。其中，“梵净山翠峰茶”和“贵定云雾贡茶”得分均为86分，并列第四名。前三名的“湄潭翠芽、石阡苔茶、凤冈锌硒茶”被授予“2010年贵州三大名茶”称号。

时机逐渐成熟。同年7月，申请“贵州绿茶”的推手出炉：贵州21家重点龙头企业发起组建、150余家团体会员企业参与成立了贵州省绿茶品牌发展促进会以协助有关部门和地方政府调整茶产业结构，带领贵州茶企开拓国内外市场，加速推进贵州茶产业发展。

为提升品牌竞争力，打造品牌系列，大力实施黔茶品牌战略，2014年5月，贵州省人民政府出台的《贵州茶产业提升三年行动计划》中绿茶以“都匀毛尖”“湄潭翠芽”和“绿宝石”，红茶以“遵义红”为重点，后称“三绿一红”。

在这个提升行动中，营造品牌环境以突出黔茶品牌地方特色和文化特色“贵州绿茶”大地标的申报终于摆上了桌面。

贵州绿茶如何练就

借着三年行动计划的东风，贵州省迅速启动“贵州绿茶”农产品地理标志产品申报工作，分小组到省内60余个县进行茶样采集，以乌江为界，北取印江、石阡等地的扁形茶，南取贵定等地的卷曲形茶，中取珠形茶，到邻近的云南、四川、重庆等周边省市采取茶样，完成了产品检测、质量控制、人文因素等方面的深入实地调查以及与四川、湖南等绿茶省（区）的产品比较的抽样检测等工作。

贵州省农产品质量安全监督检测中心花两年时间对省内9个市（州）几百个茶叶样品进行检测，发现它们都具有水浸出物、氨酚比、氨基酸、茶多酚“三高一低”的质量优势。最终在2015年形成了一篇内容翔实、论据充分的贵州绿茶品质报告书，完成了贵州绿茶申报的基本材料。

为明确申报主体，贵州省人民政府以黔府函〔2015〕304号文批复同意贵州省绿茶品牌发展促进会为“贵州绿茶”农产品地理标志登记申请人。

2015年12月，贵州省绿茶品牌发展促进会下发了《关于联合签署申报“贵州绿茶”农产品地理标志的函》，收到了贵州省43个茶叶主产县茶叶管理部门、150家茶叶企业联合签署的《关于使用“贵州绿茶”农产品地理标志的联合声明》，全力支持贵州省绿茶品牌发展促进会作为登记申请人申报“贵州绿茶”农产品地理标志，自觉接受其对生产、加工、营销过程的指导，服从其对“贵

州绿茶”标志使用情况以及产品生产情况的跟踪检查和监督管理。

2016年3月，贵州省农委质安处、省茶办、省绿茶品牌发展促进会联合成立工作小组，召开“贵州绿茶”申报材料讨论会。

2016年5月30日至6月2日，农业部农产品质量安全中心副主任罗斌，中国茶叶研究所副所长鲁成银，农业部农产品质量安全中心地标处处长孙志永、监管局标准处处长董洪岩等6位专家就“贵州绿茶”申报国家农产品地理标志进行现场核查和品质鉴评。

专家组分别对湄潭、都匀、贵阳等区域的茶园生态保护、茶叶种植及加工、茶文化传承及保护等工作进行实地考察，在花溪区久安乡与省农委分管领导、专家以及申报工作小组成员就“贵州绿茶”农产品地理标志申报进行了交流座谈。

专家组听取了贵州省绿茶品牌发展促进会关于对贵州绿茶独特生长环境、特定生产方式、种茶制茶历史、标准制订及统一品牌的可操作性等方面进行了详细介绍，对根据权威机构检测数据归纳得出的贵州绿茶“嫩、香、鲜、浓、醇”的品质特征以及“贵州绿茶中多项微量元素的指标均优于国家标准”的分析结果表示认可。农业部专家组在全面了解贵州绿茶生产区域范围、独特的产品品质特性、人文历史、社会认知度、发展潜力等条件和品质特性后，认为符合农产品地理标志申报要求，同意申报登记。

2016年12月1日，由农业部主持的农产品地理标志产品评审会在北京召开。在贵州省农委、省茶办常务副主任胡继承，省农委质安处处长陈雄、调研员兰鉴、副处长蔡兴洪，省茶办品牌组组长雷睿勇，省绿茶品牌发展促进会专家组组长莫荣桂等精彩陈述和答辩下，“贵州绿茶”从产地优势、品质特色、人文历史、产业发展和品牌宣传五方面征服农业部专家，“贵州绿茶”申报农业部农产品地理标志获得通过。

2017年1月9日，农业部发文批复，“贵州绿茶”获颁中华人民共和国农产品地理标志登记证书，成为全国首个省级茶叶类国家地理标志产品。

农业部专家组这样阐述了“贵州绿茶”的品质鉴评：贵州是中国名优绿茶重点产区，绿茶产品类型主要有卷曲形、颗粒形和扁形绿茶。卷曲形绿茶，如都匀毛尖，外形条索紧结纤细卷曲披毫、色泽绿翠，汤色嫩绿明亮，嫩栗香显，滋味鲜醇爽口，叶底嫩绿明亮匀整；颗粒形绿茶，如绿宝石茶，外形颗粒圆结重实、色泽绿翠，汤色绿明亮，嫩栗香显，滋味浓爽，叶底柔软芽叶完整；

扁形绿茶，如湄潭翠芽，外形扁平光滑、形状似葵花籽、色泽绿翠，汤色绿明亮，栗香浓，滋味浓醇爽口，叶底绿亮匀整。

独特的自然生态环境，孕育出贵州绿茶“翡翠绿、嫩栗香、浓爽味”独一无二的品质特色，具有高海拔冷凉云雾绿茶的典型特性，明显有别于贵州以外产区生产的绿茶。

“贵州绿茶”无疑成为一套明确的标准体系。

它的地域范围包括在贵州省境内9个市（州）61个县（市、区）贵安新区范围内，具有生产资质的茶叶企业，选用适制绿茶中小叶种，如湄潭苔茶、石阡苔茶、贵定鸟王、都匀群体等地方良种及福鼎大白茶等品种。按照特定生产方式，生产加工出茶叶水浸出物≥40%，感官品质“翡翠绿、嫩栗香、浓爽味”，并经贵州省人民政府批复贵州省绿茶品牌发展促进会持有，由省绿茶品牌发展促进会授权使用地理标志的企业所生产销售的绿茶产品为“贵州绿茶”。

“贵州绿茶”的“翡翠绿”为各种深浅不同的绿色，晶莹的绿，润泽的绿，即干茶色泽绿润、汤色绿明亮、叶底绿鲜活。

“嫩栗香”：既有嫩香，又有栗香，嫩栗韵香持久。

“浓爽味”：滋味浓厚，醇甘鲜爽，浓爽韵味明显。

鲁成银等专家认为，贵州茶树长在高山上，茶叶原料内含物质丰富、叶绿素和嫩度比较高，故而有浓郁的绿润度。加工成绿茶后干茶会更绿润，茶汤的绿色更纯正明亮，叶底的绿色也更鲜活，呈“翡翠绿”的颜色特征。

山区多云雾、植被丰富，有利于阳光转化成漫射光，漫射光可帮助茶叶生成丰富的香气成分。据检测，贵州毛尖绿茶含有267种香气成分，相关专家对贵州扁形绿茶进行了研究，称其苯乙醇（玫瑰香气）、苄醇（苹果香气）、壬醛（玫瑰花香气）含量较高，它们与其他香气成分协同作用，让绿茶栗香持久。

在嫩度方面，贵州绿茶粗纤维含量以6.8%～9.5%为最多，远低于国标。在有些茶区，茶叶长到一芽三叶已经粗老，可是在贵州茶区仍然鲜嫩，这种茶青加工的绿宝石绿茶、黎平香茶，既有成熟茶青浓郁的栗香，又有嫩香，充分体现了“嫩栗香”的特点。

关于“浓爽味”，茶叶的浓淡主要取决于有效水浸出物浓度，贵州绿茶内含物质丰富，有效水浸出物浓度平均值为40%以上，远超国标的34%，故而滋味浓郁。同时，氨基酸是决定茶叶鲜爽的主要成分，据近两年贵州省农

产品检测中心对200余只贵州绿茶样的检测，其游离氨基酸总量平均含量为5.61%，属于优良种质资源。因此，贵州绿茶喝起来既浓郁又鲜爽。

“贵州绿茶”地理标志的成功颁布，意味着农业部促进贵州茶叶产业化、标准化、品牌化的尝试和创新，开创了省级茶叶区域农产品地理标志产品保护的先河。同时，也对贵州做强原料品牌，贵州绿茶进入大市场提供了发展空间，为提升贵州茶产业市场竞争力和进入国际市场带来极大的推动力。

大地标申报成功的消息一经发出，短短半天时间，贵州省茶办的微信公号“黔茶资讯”便有100多条留言。

比如：贵州绿茶知行天下。

比如：里程碑，新起点。

2017年3月5日，来自贵州省各地茶叶主管部门、企业的负责人共300余人参加了在平塘县召开的贵州绿茶地理标志使用管理研讨会。

会上，贵州省农委质安处、省绿茶品牌发展促进会等有关专家针对“贵州绿茶”地标的授权、使用、监管等问题进行了详尽的阐释并再次对《贵州绿茶地理标志使用管理办法》（简称“《办法》”）进行意见收集，时任贵州省人大常委会副主任傅传耀在会上强调要共建、共享、共爱贵州绿茶大地标，《办法》在起草期间可以讨论、可以协商、可以修改，参会人员一定要充分发表意见，当《办法》落地后，就要像对待法律一样严格遵守执行。

2017年3月21日，作为登记主体单位的贵州省绿茶品牌发展促进会综合了来自全省茶行业的数十条修改意见后，召开完成了对《办法》的最终修改，并报贵州省农委法规处、质安处、农经处审查备案，通过各大新闻媒体对外发布。

自此，“贵州绿茶”的使用及管理进入了有据可依、有理可查的全新阶段，有助于加速完成对首批申报使用地标的165家企业的资格评定及授权工作。

2017年3月21日，《贵州绿茶地理标志使用管理办法》出台；4月6日，“贵州绿茶”公共品牌标识正式公布。

贵州61个产茶县积极响应。

黎平县茶叶产业发展局局长甘仕杰这样表态：“黎平香茶有典型的嫩栗香、浓爽味，现在是借助‘贵州绿茶’母品牌出海的最好时机，作为子品牌，黎平香茶不能给‘贵州绿茶’丢脸，黎平县将加速推进黎平香茶地方标准，规范黎平香茶的加工技术，努力提升茶叶的口感和品质。”

余庆县是新兴茶区，茶叶品牌创建工作难度较大，“贵州绿茶”地理标志给余庆县指明了一条创品牌的道路。余庆茶叶发展中心主任郑德江说：“茶企使用‘贵州绿茶’地理标志的心是热切的，但是我们的要求更严格，在余庆，如果茶企生产的茶叶不能达到欧盟标准就不能使用‘贵州绿茶’地理标志，绝不能给‘贵州绿茶’大地标抹黑。”

石阡县请来了浙江大学茶学院的专家，帮助建立石阡苔茶理化特征“指纹图谱”，以此为基础开发“贵州绿茶·石阡苔茶”系列绿茶产品。说干就干。2017年3月29日，石阡县第一批授权使用“贵州绿茶”地理标志的茶企——祥华生态农业发展有限公司开始加工的毛峰绿茶启用印着“贵州绿茶·石阡苔茶”的茶叶新包装。总经理饶登祥相信换包装后的茶叶在全国会卖得更好。他亲历了省外推广的过程。以前带茶叶去海南参展，还有人不相信贵州产茶。这几年贵州绿茶在全国各地做了很多推介宣传，越来越多的外地消费者知道贵州绿茶品质好。

毕竟，2016年“丝绸之路·黔茶飘香”兰州站那条“一杯贵州绿茶泡出

850 万元订单”的新闻广为流传，让人回味省外市场的巨大潜力。

湄潭县百道茶叶有限公司总经理刘强在兰州七里河茶叶批发市场邂逅兰州源香纯茶叶有限公司总经理牛春波。他泡了一杯贵州绿茶给牛春波，牛春波当即拍板下半年预定 100 吨，说如果能保障茶叶品质，将明年的订货量增加到 200 吨，要知道，按每公斤茶叶批发价 85 元计算，这是一笔 850 万元的订单。

2017 年 9 月，为进一步促进全省茶产业转型升级，助推脱贫攻坚和农村经济发展，贵州省人民政府发布《贵州省发展茶产业助推脱贫攻坚三年行动方案（2017—2019 年）》，明确未来三年要以“贵州绿茶”引领，各市、县核心区域品牌整合，企业品牌跟进的方式，构建“省级公用品牌（母品牌）+ 核心区域品牌 + 企业品牌（子品牌）”的贵州茶品牌体系。

2018 年 1 月 18 日，最新修订的《贵州绿茶》标准正式施行。

它这样“指点江山”：中国茶产业发展方式的逐渐转变，产业调整升级，茶文化传播和产品市场竞争力提升都要求加快品牌建设，“贵州绿茶”大地标不失为带领相对较弱小的“兄弟们”以较低成本共建品牌的有效办法。

往更远处看是这样的宏图大志：贵州绿茶以独特品质和声誉走出国门将提升中国茶叶国际美誉度和知名度。贵州绿茶地域历史文化研究与传播也提升中国茶和茶文化影响力。

自此，贵州茶人终于可以发出响亮的宣言：“世界绿茶看中国，中国绿茶看贵州。”

这句话并非狂妄自大之意，也不是贵州茶人下战书挑战各路“英雄豪杰”。其初衷是：作为中国最大的原料基地，想做上好绿茶的企业，都来吧！贵州欢迎你们。

海纳百川，有容乃大。

高原茶人自有其宽广的胸怀。

第十章　干净就是竞争力

◆黄板、杀虫灯是贵州茶园生物防控一景

出农残的丑闻，弄得消费者坐立不安。贵州的领导在公开场合表示佩服福建工商局和食药监局有胆量曝光当地茶叶农残问题。

胡继承在处理农产品安全问题的时候，签字都往“上线”靠：5 万到 10 万就 10 万，2000 元到 5 万上线就 5 万。

他认为不杀一儆百，把不好质量安全的关，贵州茶无以秀甲天下。胸怀梦想就一定要严格要求。

贵州省农委质安处的蔡兴洪同志算了笔账给笔者听：农民请人除草花 1000 元，打除草剂只要 10 块钱，被逮到处罚 2000 元。农民一看还是请人除草划算。

2017 年 4 月，中国工程院院士陈宗懋在参加云南省普洱市举办的“第十五届中国普洱茶节”上接受采访时谈到，中国茶叶农药残留超标威胁茶叶质量安全，制约出口消化过剩产能，应注意茶叶生产绿色防控。①

曾有外国友人问陈院士为何中国茶产量那么大，出口量却不大？陈宗懋认为，国外进口标准严苛，但主要问题是我们对农药的限制不够。茶

① 缪超.“茶院士”陈宗懋：农残“拦路虎”制约中国茶叶出口［EB/OL］.（2017-04-19）. http: //www. chinanews. com/cj/2017/04-19/8203301. shtml.

◆产业发展后年轻的母亲回家乡茶园务工

叶产品安全质量问题，造成中国茶叶出口量多年来始终徘徊在 30 万吨左右。2015 年中国向欧洲出口茶叶 3000 多个样品中，农残超标 1030 个，占比 1/3。

中国茶叶质量安全问题表现在四个方面：农药残留、金属元素污染、微生物污染及其他污染物。农药残留污染占问题总量的 80%。

但“干净”的核心到底是什么，如何达到真正意义上的“干净”，贵州边走边摸索，这是一条漫长的路。

不过，贵州人深刻意识到生态安全是突破绿色壁垒，扩大出口的保障。唯有如此，才能在世界商业格局中谋中国茶叶发展。

茶叶是世界公认的健康饮品。1992 年世界卫生组织的维多利亚宣言和美国《时代周刊》杂志罗列的健康有机产品中，绿茶是第一。贵州人认为，提升中国茶叶的国际竞争力，最重要的、最核心的还是要从源头上解决问题，以生态安全和过硬的质量安全应对不断变化的国际贸易形势和挑战。

这是共识，但真抓起来，考验的是无尽的智慧和耐心。

贵州从基地干净抓起，建设规模化、标准化、集约化、安全放心的原料基地。确定质量安全的两条底线——农残和重金属要守住。同时维护生态多样性，做到林中有茶、茶中有林。在原料核心基地划定保护区，禁止对环境有污染的企业或项目进入，茶区全面禁止销售和施用高毒、高残留的水溶性农药。在茶园面积较大的乡镇，推行茶叶农药专柜和专营店，严格农药销售登记备案制度，广泛应用黄板、蓝板，杀虫灯和低毒、低残留的植物源脂溶性农药，实行病虫害的联防联控。

全产业链统筹推进茶产业生态安全。在基地，大力实施和推广茶园病虫害绿色防控技术，从源头上严格生产资料的管控；加工上，以茶叶不落地为前提，坚持走规模化、工业化的路径，向清洁化、机械化、自动化、标准化方向发展；在流通上，杜绝二次污染。

建立全国可视化茶叶质量安全云服务平台，完善茶叶质量安全监测体系。推动有资质和检测能力的机构与企业合作，建立高效便捷的出口国认可的茶叶质量安全监测第三方机构，供政府监管、行业自律、企业追溯和消费者查询。

在贵州，产茶县和茶企以向严格的世界茶叶贸易标准——“欧盟标准”看齐为自豪。对他们来说，这是一套执行明晰化又接轨国际的标准。

欧盟标准禁用吡虫啉、啶虫脒，但国家规定是可以用的。陈宗懋教授在贵州曾谈道：我们喝茶是喝茶汤，如果这个农药是脂溶性的，它就不溶于水。如果是水溶性的，尽管它含量低，但是泡茶就会融到茶汤里面去，我们喝茶的时候就会喝到。贵州人听进去了，立即禁用。草甘膦，中国没有禁用，但是欧盟禁了，贵州就禁用了。

拥有 20 多万亩（1.33 万公顷）茶园的瓮安县甚至成立了欧标茶茶叶协会，以“国际化、高端化、品牌化、特色化、生态化、欧标化”为目标，提出了“不种连片茶、不施通用肥、不用老耕地、不洒杀虫剂”的绿色生态欧盟标准。2016 年，瓮安欧标茶达到 483 项欧盟进口食品安全检测标准，顺利通过欧盟标准认证，部分茶产品远销欧盟、非洲及日本等地，并作为第五届世界健康产业大会唯一指定用茶。

2017年底，贵州出入境检验检疫局发布：贵州茶叶当年出口量超过2300吨，贸易额超过7100万美元。相较于去年同期，出口量增长超过150%，贸易额增长超过110%，这是贵州茶叶出口近三年来首次出现出口量和贸易额的双翻倍增长。

港澳台地区是贵州茶叶出口的主要地区，占比接近40%，其次为东南亚地区和欧美，还有少量出口到澳大利亚、沙特阿拉伯等国家和地区。出口茶叶类别方面，主要为红茶和绿茶。

贵州茶的干净，心怀天下……

这是了不起的雄心。

十万大山，贵州人一个一个山头推进自己干净的理念……

历史纪录一：

干净从茶园抓起…… 宁要草不要草甘膦

在贵州茶山，能用塑料盆采茶吗？

不能！

能用塑料袋装茶吗？

不能！

进茶叶车间不穿专用衣服不戴帽能进去吗？

不能！

贵州干净茶从茶山采摘开始到工厂全程清洁化不落地加工包装。

每年春天，都有突击检查组出现在不同的茶山，对采茶工人提不同的问题。

在某茶山因为发现了禁用农药的包装，检查组将整座山封了，一颗茶青都不准运出去。

某农民合作社不按规定将茶青放在干净的竹席上，而是直接摊晾在水泥地上。主管领导检查看到这种情形，简直痛心疾首：“你们这是在做垃圾茶！你们是在砸自己的牌子！做贵州茶坚决不允许这样！”

有茶企在朋友圈炫耀采摘茶青，立马下面有贵州省茶办的同志留言提醒：请把塑料盆换成竹篮！

有茶企在朋友圈晒茶山，不一会儿下面有主管茶的官员留言：比上次干净，都没看到地上有垃圾了。弄得人家哭笑不得。

为了贵州茶“干净”的品牌，贵州主管茶的官员也是“不怕事”的，召集省内外记者开会时常说：在茶山发现打催芽素，打禁用农药立即拍照发过来，我们马上去查处。你们在报道中也多宣传，让消费者拿起手机去监督。

贵州一开始打击催芽素，重拳治理一些主产区滥施催芽素的行为，在茶园全面禁用催芽素。

催芽素并不在国家禁用农药之列。“催芽素多数是植物营养物质，但也有激素，把农药直接用于催芽是很少见的。生产上茶农打农药是为了把虫害降到最低，促进芽叶更好地生长，用药量频繁才会有农残。”贵州省茶科所专家陈正武解释道。

“催芽素让芽头更多更壮外形好看，分量也增加了。但催出来的内含物质少，滋味寡淡。”贵州省农委质安处处长兰剑说。

接着，贵州着手整治水溶性农药和除草剂。

2007年陈宗懋院士到凤冈考察，他便一直关心并参与贵州茶发展。他对胡继承讲水溶性农药一定要坚持禁用。

这话，贵州管茶产业的领导们听进去了。

贵州茶园禁用农药参照欧盟及日本标准，从国家规定的45种提高到了118种，在全国率先禁用水溶性农药及草甘膦。在179个种植面积万亩、125个5000亩至1万亩乡镇实行茶园用农药专营店（专柜）制度，从源头上强化农药等投入品监管。

贵州在禁用草甘膦上多年都是重拳出击。

草甘膦是美国孟山都公司20世纪70年代初开发的内吸传导性灭生性除草剂，它被茎叶吸收后可传导至植物各个部位，不仅能杀死绿色植物地上的部分，还能斩草除根，是世界上产量最大、最畅销、使用最普遍的除草剂。

关于草甘膦是否致癌一直存在争议。2015年，世界卫生组织下属机构国际癌症研究机构发布报告称，草甘膦很可能致癌。2016年，世界卫生组织在日内瓦总部与联合国粮农组织召开联合会议，在重新评估的基础上得出结论称，草甘膦不大可能致癌。反反复复的争议，直到2018年8月，美国加州高等法院的陪审团认定草甘膦除草剂引发约翰逊的癌症，孟山都需支付2.89亿美元赔偿金，才有了一个定论。

业内专家认为，草甘膦确实增加了致癌风险，是引发癌症的一个重要因素。转基因作物的配套农药草甘膦的致癌性和对土壤环境的危害已被广为认识，

世界各国纷纷出台限制或禁止使用草甘膦。草甘膦的大量使用，加大了农民的心理依赖惰性，忽视了除草的综合治理手段，导致超级杂草和作物中草甘膦残留量不断增加，抗药性不断增加。

“芳草萋萋”的贵州茶园每亩人工除草需要700元人民币，贵州700万亩（46.67万公顷）茶园每年要付出50亿元人民币。

因为除草剂，贵州省至少封过3000亩（200公顷）茶山。

为禁止除草剂，石阡县女干部在山上跟茶农“费尽口舌”，几乎是着着实实干了一大架。

在某地茶博会期间，最热闹的时候贵州省茶办还专门派出队伍进行暗访。抓到了一例，胡继承在大会上点名批评丝毫不留情面，责令县里做出相应的整改。

为了“干净”二字，贵州人较劲较真。

2015年，贵州通过研究示范推广在茶园中开展以草治草防草技术，在茶园间作白三叶草抑制杂草生长，研究结果显示，与清耕处理组相比，白三叶草处理组杂草种类、密度和杂草发生率均显著减少，茶园中天敌种类和数量显著增加，茶小绿叶蝉、茶棍蓟马等害虫显著减少，亩均节约除草工费约600元。

2017年，贵定县农村工作局查处了一起茶园违规使用草甘膦案件，开出贵州省第一张禁用草甘膦罚单，茶农杨某某被罚款8000元。

没有缜密的思考，足够的智慧，铁腕的手段，很难控制。

这样大张旗鼓地“宁要草不要草甘膦”深入人心。

2012年，原本在贵阳靠杀牛维持生计的孙宽奇夫妇回老家惠水县岗度镇考察养牛场。养牛不成，承包了500亩（33.33公顷）茶园。

茶在荒山上，野草有一人那么高，茶树筷子一般细。

看到像波浪一样一浪一浪的草，妻子张其珍当时就哭了。

虽然要解决的第一件事就是锄草，但他们知道贵州茶不允许使用除草剂。夫妻二人锄草，从早上锄到下午，只能锄个500米，只好又请当地农民割草。

“花了40多万的工资，才看见20多厘米的茶树。”

两口子并不后悔。因为他们看到了那些靠坚守干净底线做出好茶销售一空的例子。

两年后，他们也是如此获益的。带着按有机茶标准种植出来加工的好茶，他们制作的涟江毛尖荣获“黔茶杯”金奖和特等奖、“都匀毛尖斗茶大赛”优质奖、“深圳武林斗茶大赛”绿茶组金奖……茶叶销往省外国外。

两口子成立了“奇峰种植农民专业合作社”，教周边20多户贫困人口学习采茶和加工技术，带动他们脱贫。

贵州茶农茶企在微信朋友圈晒茶园的草，晒茶园的好生态成为风尚。

贵州走的路子是生态茶园，以“生态为根、农艺为本，化学防控为辅助”的现代植保理念，贵州绿色防控强调林中有茶，茶中有林。

传统上，农民认为的干净茶园是草除光，没有垃圾，有病虫害便打药。但是，贵州推广的茶园通常是这样的：青翠的茶园中处处插了黄板、蓝板，安了杀虫灯，释放天敌，以草治草，施生物农药，走的是绿色防控模式。

据说星巴克的一位高层管理者到了贵茶有限公司贵阳花溪久安基地考察，看了这样的生态茶园，称赞是在全中国全世界看到的第一个。

2014年，全球最大的茶叶贸易商之一英国太古集团芬利茶叶公司总经理韩莎莉率队为建设“中国清洁茶叶项目”奔赴贵州考察。他们认为贵州良好的生态

环境能提供安全、干净、优质的茶叶。

太古集团花了五年的时间，在中国的产茶地做了详细的调查，发现最近几年发展起来特别快的贵州省在茶叶的发展方面做了非常多的贡献，经过跟踪调查以后，认为安全质量非常好。

2018 年 3 月，太古集团在贵州省投资了集团第一个在中国专门的茶叶项目，以此把中国好的绿茶推到全世界。英国太古集团中国首席代表王军说，太古集团特别关注可持续发展，这是对环境的关怀，贵州绿茶是可信任、干净的茶。

吴裕泰茶叶股份有限公司在北京有 300 多个店，在全国有 400 多个店，总经理孙丹威每次来贵州总对胡继承说：你们贵州茶叶质量安全是全国第一，在全国的茶区没有看见这么多的杀虫灯，没有看到这么多的黄板、蓝板，贵州茶区的现象是中国唯一的。

近几年，农业部和贵州省内每年抽检茶样 1500 多个，重金属和农残都是 100% 合格，农业部公认贵州茶叶的质量安全是中国一流的。

贵州以不用洗的好茶凸显“干净”。最让贵州人自豪的是：提出和实践的不洗茶逐渐在省外圈了一波“粉丝”。包括中国茶叶学会茶艺专业委员会主任委员、中茶所专家周智修。

在很多茶艺师看来，洗茶算茶道仪式之一，可以过滤掉农残、杂质等以喻洗涤心灵。其实，很多农药不溶解于水，洗茶的过程中会浪费掉大量的维生素、氨基酸等营养成分。

“贵州茶那样干净，为什么要洗茶？”2015 年底，周智修在贵阳参加第四届贵州茶业经济年会接受记者采访时斩钉截铁地说。

几个月后——2016 年 3 月 27 日，由中国茶叶学会主办的“茶艺职业技能竞赛技术规程研讨会”举行，周智修对此次技术规程研讨会的背景、规程起草、竞赛模块和总体要求等四个方面做了简单的介绍，洗茶被作为不必要的程序采取扣分处理。

历史纪录二：

“做到了不等于我们就高枕无忧，茶叶质量安全永远在路上，大家要清醒。”

——宋宝安（中国工程院院士、贵州大学校长）

贵州茶园生态守护大神宋宝安院士

宋宝安院士的经历和贵州茶产业发展有几分相似：都经历了嘲讽，靠不懈努力获得成果，争取贵州话语权。

贵州大学教授宋宝安是贵州省本土培养的第二位院士，被称为中国农药界的“大咖”，农作物的“守护神”。宋院士用“披肝沥胆，十年磨剑”才有了“破茧成蝶倾城香”来形容贵州茶产业发展。

多年来，为贵州茶“看病治病”是宋宝安院士团队的一个重要工作。2015 年，时任贵州省委书记陈敏尔到贵州大学看望师生时曾问他：“贵州茶产业和浙江茶产业的区别在哪里？”

宋院士给书记汇报说，“贵州茶的氨基酸很好，水浸出物也很好。但干净、安全、便宜才是贵州茶最大的优势和最大的资本。”

他认为恪守干净是发展贵州茶产业的永恒真理。

贵州干净茶打的是科研“组合拳”。贵州大学开办了茶学院，培养茶产业人才。贵州相关科研单位发挥各自的优势。贵州省农业科学院做种植资源、贵州大学做绿色防控、茶叶研究所做种植加工标准。贵州省茶产业联席办公室、省植保站和省土肥站在政策制定、试验示范、培训推广方面起到了重要的作用，农产品中心做农产品质量监测。

宋宝安院士认为“干净茶是管出来的”。在贵州茶园管控上，他坚持以“生态为根、农艺为本、生物防控为辅”理念，强化绿色发展。坚持“以草治草、以虫治虫”，降低农药使用量来保障茶叶的质量安全。

“人才队伍建设、土壤评价、投入品管控、动态监测都非常重要，只有着力全产业链的人员素质提升，科学规划新茶园、科学管理茶园、严控茶园投入品才能实现。”宋宝安接受笔者采访时曾谈到。

他和胡继承副主任共同推动制定了《贵州茶园规范用药文件》和《贵州茶园绿色防控文件》。从 2010 年开始，在贵州省实施茶园绿色防控，严禁水溶性农药。

宋宝安院士认为贵州在茶园上禁止使用水溶性农药是非常成功的。陈宗懋院士联合他和 10 多个院士签名给农业部写了一个建议，为了中国茶业发展，提出茶园全面禁止水溶性农药。

云南的同行提出跟贵州学全面禁止使用化学农药。宋宝安建议跟贵州学习茶园怎么用生态物理控制替代化学农药就可以了。比如，吡虫啉、联苯菊酯等农药，贵州的检出限量标准在国际上也是最低的。因此，贵州可以自信地说：“我们是干净、安全、健康的茶。”

这几年，宋宝安院士团队花大力开展了“重塑构建稳定茶园生态调控系统、

全面推行天敌防控替代化学农药、茶园间作三叶草替代化学除草剂、茶园施用农药化肥全程监测控制”等方面的工作。

在幼龄茶园，通过三叶草的种植来替代草甘膦的使用。

2011 年，在江口县一个新的茶园鑫繁生态茶园，宋宝安院士团队在种植过程采用生物防控措施控制病虫害。产品指标达到了要求同时增加了产值。这个措施带动了当地农户 2760 人致富，包括贫困户 388 人。

然而，防控并没有那样简单。俗话说“道高一尺魔高一丈”。为了对茶树病虫草害的防治效果有个“摸底”，宋宝安院士团队时常和贵州省茶办等单位工作人员到深山茶园进行调研。

2015 年，他们在都匀市摆忙乡坪阳村都匀毛尖基地、湄潭县抄乐镇群丰村等茶叶园区，开展捕食螨控制害虫技术研究，捕食螨害虫释放比为 1：4，投放后第 8 天茶棍蓟马防治防效达 52.7%。

但挑战一直都存在……

2016 年早春贵州省大面积低温阴雨，有些中高海拔茶区大面积发生茶圆赤星病、茶白星病等茶树病害，个别茶区病害发生率几乎达 100%。如果防治技术不当，不仅防效差，茶叶还会农药残留超标，成为打不开市场的“农药茶”。

宋宝安院士带领着贵州大学绿色农药与农业生物工程国家重点实验室科研团队从两种病害的鉴定、发生和为害规律入手，总结出效果较好的综合防控技术措施。2016 年 4 月开始，他们在石阡县安排了面积约 1000 亩（66.67 公顷）的 4 个试验示范点。

“贵州茶产业要实现可持续发展，必须打好茶叶安全生产的生态战、质量战。” 宋宝安院士说，“科技工作者对茶树病虫草害的绿色防控研究工作永远在路上。”

在全国茶树病虫害绿色防控技术培训会上，宋宝安团队的李向阳博士给

全国同行介绍“贵州茶园病虫草害生态防控技术研究与实践”。

2016年，宋宝安院士团队在全省18个县（市）30个茶园部署了40个试验示范点，开展生态调控、农艺防控、物理诱控、生物源农药和绿色农药防治技术的示范推广与集成应用。

在宋宝安院士看来，做好贵州干净茶，需要政府部门、行业主管、高校院所、企业、农民举合力而行。政府部门发展生态产业、富民产业，坚持道路自信；行业主管严守茶叶质量与安全的生命线；高校院所强化生态、绿色的生态调控策略；企业做干净茶、卖干净茶、做干净人；农民种生态茶、管干净茶、做干净人。

生态茶、干净茶、大众茶将是贵州茶文化的新未来。宋宝安院士坚信。

历史纪录三：

绿色防控那些黄板背后的故事……

“你们看看这两块基地的区别。”2014年7月14日，贵州省茶叶研究所植保专家姚雍静站在田埂中间给笔者介绍。基地位于省农科院。

从2009年开始，姚雍静一直为无公害茶园做生物农药测试。测试的药品是中茶所推荐的德国产生物农药帕力特，特点是高效低残留。

田埂两边，一块地里茶树郁郁葱葱，一块地里茶树有不少叶子“垂头丧气”。

“这是在做生物农药测试对比。长得茂盛这边，20天前使用了生物农药。”在另一边的试验田里，姚雍静摘下一段茶青，秆子失水后发枯，一片叶子则焦尾了。“秆子发枯是茶棍蓟马造成的，叶子焦尾则是小绿叶蝉。这两样都是贵州茶园最常见的虫害。”姚雍静翻过叶片，比针眼还小的几个绿点在动。那是小绿叶蝉。受害的芽叶制茶，易碎、味涩、品质差。

目前，我省通过无公害、绿色、有机认证的茶园面积已达 89.33 万亩（5.96 万公顷），其中有机茶园 16.35 万亩（1.09 万公顷），居全国第二位。

“贵州现在狠抓茶园质量安全，我们正在加强研究绿色防控这块。”姚雍静正在测试适用于有机茶园的两种生物农药：中茶所推荐的茶蝉净和自主研发的蓟蝉净。蓟蝉净目前已经进入安全性评估。

“结合省情，自主创新，我们需要推出自己的产品。”姚雍静举出了省茶叶研究所自己研制的 1042 号粘虫板的例子。

1042 号粘虫板主要针对缺乏劳动力施药的状况和保障茶园生态安全。这款粘虫板曾经实验了 102 种颜色才取得了最好的效果，以诱虫谱广而出名。从 2009 年开始在省内推广，目前在贵州省茶区至少推广了 10 万亩（0.67 万公顷）。2012 年起在全国 14 个省 31 个县推广。

“冬季挂上粘虫板，效果可以延续到夏季，夏季最理想的效果就是只施一次生物农药。”姚雍静在湄潭还有 600 亩（40 公顷）实验基地，正在进行绿色综合防控的实验。

历史纪录四：

贵茶有限公司是中国唯一一支执行欧盟农残准入标准，在欧盟销售也在国内销售的茶，不对国内外消费者进行“双重标准”。

2010年4月，贵茶有限公司收购贵州凤冈黔凤有机茶业有限公司、贵州凤冈春秋茶叶有限公司和贵州久安古茶树茶业有限公司。拥有省里首家引进的与国际接轨，集清洁化、自动化、环保型于一体的茶叶生产线两条，日产干茶5吨，拥有贵州省最大的茶叶冷藏库。

目前，贵茶有限公司正快马加鞭将自己打造为“世界抹茶大王”。自投资金大概2.2亿在抹茶的研发和厂房设备上，为上游联盟企业担保资金1.2亿发展碾茶初加工。

碾茶生产线已建成投产26条，在建18条（余庆、湄潭、德江），筹建20条（开阳、纳雍）。目前已建成抹茶精制磨粉，产能约500吨每年。

技术标准方面，贵茶公司请了日本专家制订详细操作指导书，严格按照指导书进行培训和执行。同时，日本专家在关键时间节点到贵州进行技术指导和培训。按照日本专家要求做好农事记录、详细加工记录，保持密切联系。

现在各碾茶企业参照碾茶园标准在进行改造，基础好的1～2年改造完成，基础差的需2～3年。贵茶有限公司董事长徐谦说，改造过程是长期和坚持的一个过程。

所有生产线投产后年产2000吨抹茶，均价350元每公斤的单价计算，产值约7亿元。创造大量劳动岗位，带动茶农增收近2.5亿元。贵茶有限公司目标是3年计划投产200条碾茶生产线，铜仁贵茶实现4000吨抹茶加工产能，将铜仁打造成世界抹茶之都。

◆邓燔博士（右四）带都匀毛尖在丹麦茶叶大师杯获得亚军

历史纪录五：

贵州茶海外市场迅猛拓展

2013 年，德国汉堡。第一批包装精美的两吨贵州茶绿宝石先后进入德国两大高端连锁百货商场考夫霍夫和卡斯达特，在其下属近百家商场上架。这是贵州茶企第一次以自己的品牌登陆欧盟超市，在中国也绝无仅有。当年年底，贵州贵茶有限公司研发的红茶成功出口到德国，红宝石成为贵州省第一个出口到欧盟的红茶品牌。

2013 年，美国。贵州茶绿宝石成为星巴克进军茶领域的“排头兵”——星巴克在纽约开设全球第一家 Teavana TeaBar 茶吧，六款主打茶中有两款来自中国，其中一款便是绿宝石。2013 年，绿宝石供应星巴克茶叶约 12 吨。

2013 年，贵州茶绿宝石成功登陆新加坡超市，首次进入了东南亚市场。

“贵州茶以品质在海外市场获得了突破性进展。”贵茶有限公司对外贸易部经理陈小明告诉记者。

从 2011 年起，贵茶有限公司发力海外市场，成为贵州首家出口欧盟的茶企。2012 年，贵茶公司与德国茶叶进口商签订了 30 吨高档绿茶的订单。2013 年，贵州茶迅猛拓展海外市场。

贵茶有限公司的德国总代理王磊把绿宝石和红宝石两款茶拿到德国市场做了多次的免费品尝活动，茶的品质得到了很多德国人的认同。于是王磊放开手脚组织货源进入德国大商场和最大的连锁百货集团。

在德国市场，绿宝石和红宝石从外包装设计到内里采用日本先进技术做的全降解立体三角茶包都是紧跟德国市场需要。一盒30克10袋包装的绿宝石和红宝石在超市售价为5.99欧元。同样分量的立顿绿茶红茶，售价仅1欧元。

“我们把绿宝石和红宝石做成富有中国特色的中高端产品，区别开以往中国产品在欧洲给人低廉的印象。我们也以精美的包装证明贵州出产有品质的好茶，是值得大家花钱去消费的。”在德国待了十多年的王磊非常熟悉那里的市场，“来自文化的认同感，会让德国人更加接受你的产品。”今年，贵茶有限公司专门组织了贵州少数民族艺术团到德国20多个主要城市考夫霍夫商场进行表演和宣传。

“我们用国外市场推广来证明贵州茶的品质非常值得信赖。”陈小明告诉记者。“出口欧洲要经过400多项欧盟农残检测，全部指标合格，远高于国内对茶叶所要求的30多项标准。在农残问题困扰茶产业发展的今天，贵州茶走出了自己的一条路子。”

目前，贵茶有限公司正在申请欧盟有机认证，2013年9月已经通过了第一次监测。

“在海外市场的成功拓展也说明了我们已经有比较成熟的生产模式。”贵茶有限公司总经理胡清爽说，“通过引入产品质量可追溯制度，贵茶从种植、加工、销售等环节严格监控茶叶质量，确保茶叶质量安全，为其出口打下了坚实的基础。”今年，贵茶有限公司出口额达到 3000 多万元。

海外市场的突破，源自产品的创新。

绿宝石是贵州著名老茶人牟应书的创新型产品。制作原料摒弃了传统的芽茶选料，而是采用一芽二叶或者三叶制作。富有特色的珠形茶使得绿茶便于运输。工艺上的自动化和标准化为绿茶大规模生产以及口感稳定奠定了基础。

2012 年，贵茶公司耗资 3000 万元从国外引进生产绿宝石的自动化生产线在凤冈落成，年拼配能力达到 2000 吨。2013 年还将投资 3000 多万元引进一条红宝石和绿宝石兼用的生产线。

产品的突破带来了农民增收。一亩管理比较好的茶园最多可以制作 200 斤绿宝石，再加上绿宝石和红宝石对茶青利用率高，茶农一亩收入从常规的 4000 元提高到 6000 元至 7000 元，最高可达 1 万元。

产品的调整和市场的开拓，为茶区的发展注入了活力，改变了当地生产和销售方式。

在绿宝石主要产地凤冈县，过去茶区是“家家农工商”，现在呈现专业化细分格局。小户销售茶青，大户引进清洁化生产线做茶。当地有名的茶企老板孙德礼说自己采取了“紧跟战术”——跟着贵茶学习生产管理，茶企比以前做大 5 倍以上。

这不仅是一个雄心勃勃大型茶企的胜利，也不仅是一个产品的辉煌。

在这背后，有贵州茶产业的迅猛发展的支撑。

目前，贵州省茶园面积611万亩（40.73万公顷）[投产茶园270万亩（18万公顷）]，占全国茶园面积 15.8%，居全国第一位；全年茶叶产量 13.6 万吨，总产值 105 亿元、综合产值152亿元，产量、产值分别占全国的6.8%、9.1%，居全国第六位、第四位。通过无公害、绿色、有机认证茶园面积 89.33 万亩（5.96 万公顷），其中有机茶园 16.35 万亩（1.09 万公顷），居全国第二位。

贵茶有限公司董事长王晓春喜欢和同行讲这样一个故事：一次，他的公司检测人员发现有茶农打催芽素。于是他当即向省农委主管领导反映情况。当天晚上，这事就惊动了当地县委书记，带人立即去茶园检查。第二天，省里专业检测机构到达现场。“这种高效率，让人有信心继续投资做大产业。”王晓春说。在不到四年时间里，贵茶有限公司累计投入近 4 个亿，自建及合建专属茶园 1.5 万亩（0.1 万公顷），带动了临近茶园 3 万亩（0.2 万公顷），23 000 多茶农致富。

结语

茶山如画　贵州春味长

900 多年前，宋代诗人黄庭坚在贵州深山中怡然自得品茶，留下《阮郎归·黔中桃李可寻芳》一词与后人共享难得美景。

他绝料不到 900 年后，眼前将是波澜壮阔绵延不尽的茶山，480 万贵州茶农奔忙其间，言笑晏晏。

“都濡春味长”再非少数人把赏的杯中物，而是中国，是世界可以品得到的“春味长”。

人世间无数分分秒秒流逝过去，方才有一段出离平庸的传奇。

时代宏大的叙事，在十年时间里，铺陈闪耀一段段绚烂。

也许历史作为“诗人”，作为“戏剧家”在行事时，无法超越。

2016 年，贵州茶在中国舞台上又上演了一出“偶然必然”精彩大戏，一如三十多年前晴隆那粒在世界茶历史占据重要地位的四球茶籽化石。

2016 年 12 月 20 日早上，湄潭茶农文永亮将一盒毛峰交给中通快递员，完成第一单生意。

下午，中通快递的货运司机王志载着茶叶从湄潭出发，完成当天最后一趟货。

12 月 21 日中午，这盒毛峰送到家住贵阳市沙冲路的李朝军手上。

三个以茶相交的人，偶然间，成为中国快递业务发展历史性节点的参与者和见证人。

这盒产自湄潭的毛峰是中国快递业第 300 亿件快递。

偶然，迸发着必然。

2016 年，湄潭县电商销售额高达 1.5 亿元，茶叶占其中的 70%。

2016 年，贵州茶园面积依旧是中国第一，产量 28.4 万吨，产值 299.8 亿元，综合产值 502.2 亿元，茶产量销量均实现 20% 以上的增长。据不完全统计，2016 年，贵州省茶叶出口突破 7000 万美元，成为继烟、酒之后贵州省排名第三的出口产品。

发展中问题不少，也不会消失，也许正是问题推动我们继续前行……

十年征程，贵州茶产业靠的是在偶然的机会都能抓住的必然，靠的是认准了“大众干净好茶”的路子坚持不懈走下去的韧劲。

这十年，多少人，在贵州茶产业发展的召唤下，杀死庸碌的情怀，融入自己家国情怀，朝着想要活成的模样努力。

年华落丹青。

茶产业路上有着许多默默倾注心血却自称应该的“业内人”。

贵州省茶办王丽军处长是贵州茶界的“王娘”。王娘大学学的专业是农业经济。自从接触茶产业以后，便专注研究，随时请教。她从容地跟80后90后的小姑娘小弟弟一起学习，经常跟大家表扬师妹师弟们各种优点。抱着活到老学到老的奋发，考取了高级评茶师。

“紫云小陈妹（陈茜）一个人在大山里种茶，不容易。你们多关心报道一下。”

“晴隆这家茶做得相当不错，但包装要改进一下。”

“做朵呗古茶那两口子真的很用心，你们去基地看就知道。”

茶企的女当家人尤其把她当成“娘”，生活的困难，家事的困顿，都要跟娘诉说半天，寻求开导。

王娘心里的账也是明白得很。有的茶企坐下来讲半天困难，绕来绕去就是想争取点经费。王娘温和地说：你还是先把茶山管护好吧。上次我们去你家茶园看了，给你讲了产量低的原因。产量上不来，你的收入一直都成问题。治标不治本是没有多大意义的。我现在给你联系茶科所的专家，请他们协助你吧。

◆更多的 90 后加入茶产业宣传队伍

哪家的茶制得有长足进步，王娘高兴得到处夸。

碰到确实不擅长销售，茶又不错的企业，王娘带头买茶，四处帮吆喝销售。

王娘一边张罗一边叹道：肯定好多人都以为我从中得了好处。

然而，多年来，她还是热情地奔忙，带着老大姐的睿智和温暖。

一位跟茶产业报道十多年的记者评价道：王娘是典型地想企业所想，急企业所急，但对企业用力平均，看不出特别偏好。

工作上的急难险重，她从来都立即顶上。拍《贵州茶香》MV 时，踩点的时间很急又很短，到拍摄时需要协调的事多。王娘每天凌晨四五点起床，深夜一两点睡。太过操劳，整个人几乎一天瘦一斤。拍摄时需要一辆山地车，王娘二话不说，掏钱买来做道具。王娘甚至细致到 MV 中演员手中的竹勺也要去寻最好的一把。没有任何抱怨，她只想把工作做得更好一点。

省茶办做了间茶室以方便交流品鉴贵州茶。茶室从茶具到烟灰缸到坐垫，都是王娘从家里搬来的。茶办的人在此研究专业，茶农茶企探讨种植管护加工制茶方面的问题。王娘带头收拾得干干净净的。

对她来说，占据生命大部分时间的工作并不是一个冷冰冰的按部就班程序，而是她生命温情的释放。

在贵阳市，也有这样一位娘——龚静，人称“龚娘”。2007 年《关于加快茶产业发展的意见》文件出台，贵阳市茶办随即在贵阳市农业技术推广站成立。原本从事大田作物新技术、新品种推广的龚静接手工作第一步就是对茶叶相关知识进行系统学习。

龚静从推广站新引进的茶学研究生手里借走了他们所有的教科书，常常带着大家扎根在茶厂，跟着工人们一起从采茶、摊凉、杀青……严格审评以检验品质，及时调整加工工艺。

龚静多次到中茶所、西南大学等系统学习，取得了国家级茶艺师裁判员和国家二级评茶师等专业资格证，并成为一三九技能鉴定站的专家组成员。

这十年，贵阳市茶园面积从 5 万余亩（0.33 万公顷）发展到截至 2017 年的 28 万余亩（1.87 万公顷），从零星的小作坊式加工到拥有包括国家、省、市龙头企业的 112 家茶企。从年产量 0.2 万吨、产值 1.1 亿元到年产量 1.1 万吨、产值 21 亿元；从默默无闻的“贵阳茶”到有“绿宝石”“开阳富硒茶”等有市场有知名度的产品；从各大茶叶赛事上看不见贵阳的身影到每届省斗茶赛、茶艺赛上贵阳包揽 1/3 以上的奖项。

龚静就像看自己孩子，从出生到幼儿园、小学、初中、大学……成长的点点滴滴都捧在手里、放在心上。

◆贵阳市茶办专家龚静每年都要参加无数场贵州茶审评

贵州茶产业的发展，吸引了许多人来贵州创业。

老专家王亚兰至今提起还唏嘘不已：当年贵州制茶水平落后，金沙送来的绿茶样冲泡出来的竟然是红汤。贵州茶品质好，但形以弯断碎为主，只能做拼配的“味精茶”。

80 后茶人欧阳武夷回贵州其中一个重要原因是职业规划。

他毕业于华中农业大学茶学专业，在中国茶叶核心区福建省武夷学院茶学专业任教，从事茶叶加工研究工作，主持过金骏眉查新项目技术撰写、武夷岩茶生产新技术等国家课题。

2013 年贵州首次荣登全国茶园面积第一。有着家乡情结的欧阳武夷把职业规划定在了家乡。他辞掉了工作，带领产品研发团队回到这里。

2013 年 8 月，欧阳武夷在中国・贵阳国际特色农产品交易会上，认识了一位在威宁做茶的老板。这位浙江老板的红茶第一泡滋味很好，第二三泡落差很大。按他的经验，原料太好了，主要是制茶的问题。

上好的原料是制茶人梦寐以求的。

这趟寻茶，刻骨铭心。他坐了近 6 个小时的班车，又换乘中巴到村里花了近 3 个小时，再走了 4 个小时，爬上了 2100 米以上的贵州屋脊茶园。

就这样，欧阳武夷在贵州茶区里寻寻觅觅，进行了半年的调研。

这时贵州大部分茶区仍旧只做一季茶，做两季的很少。也因此，夏秋原料的下树率一度困扰贵州茶产业的发展。

夏秋茶多种品类的推出都需要制茶技术，而这恰恰是快速发展的贵州茶产业所缺乏的。

欧阳武夷的主攻方向是制作红茶和乌龙茶解决贵州夏秋茶的利用。算下来，夏秋茶的效益不比春季少。

就茶产业发展，在制茶的专业化上，贵州还有更长一段路。大多数贵州茶企从“家家农工商”基础发展来，包揽了从种植到加工到营销。绿茶加工起步早，工艺相对成熟。红茶加工的水平相当有限，更别说乌龙茶了。同时，产业环节上相应的育苗和科研人才比较缺失。

在欧阳武夷这样专业类人才的手中，一个品种601能做出的红茶有上百种风格。虽然最终只有一两种风格体现品种特性，但产品模型积累会让消费者有更多的选择。一个产品的推出至少要经历两年反复的试验。一种风格的红茶到底成不成功，市场与消费者说了算。

贵州有很多独有的品种，如石阡苔茶、鸟王种和四球古茶等都能制作出红茶和乌龙茶，都能把贵州特色推向市场。

欧阳武夷为贵州茶企做过的一款红茶，贵州著名的制茶老专家朱志业评审时赞道：目前行业标准中，尚找不到标准形容，太独特了。

从2014年开始，欧阳武夷所研发产品，获得过“全国手工制茶大赛”红茶组一等奖，贵州省“黔茶杯”名优茶评比最高奖——特等奖，贵州省最具推荐价值古树茶，“贵州省手工制茶大赛”乌龙茶组一等奖，等等。

截至2017年，欧阳武夷先后获得了贵州省五一劳动奖章、贵州省技术能手、贵州省制茶能手等荣誉。

2018年，在贵州多年练就的制茶功夫让欧阳

武夷被相中，成了北京小罐茶业有限公司茶叶研发中心一员。

80后邓燔的家乡在广东省，曾在3个国家留学并取得3个硕士1个博士学位。2013年6月博士毕业后，她得到了当地高薪工作机会，却选择了到西部支教，回到未婚夫魂牵梦萦的家乡都匀。

“只有当你身在国外听到中国国歌响起，才会更体会爱国的情怀。”邓燔要实现一个中国人的梦想。那是她在法国最古老的茶叶公司出版的书籍中看到的：茶叶是中国人献给全世界最好的礼物，茶叶在国际化的进程当中，不断地与当地文化相结合，深刻地阐释了茶和天下、和而不同的中国古老智慧。

邓燔到黔南民族师范学院担任学术委员会副主任，成为一名生物专业的英语及生物统计学授课老师。

她梦想在贵州将欧洲最先进的农业技术和理念用于当地的实践，相继在三家公司担任技术总监，指导茶叶合作社和相关茶产业公司科学种植茶叶1.5万亩（0.1万公顷），并在贵定县委、县政府的指导下，建立了贵定县茶产业博士工作站。工作站的博士来自包括剑桥大学和斯坦福大学等海内外名校。在博士工作站的工作范畴内，启动了智慧茶园的项目建设，探索茶产业+互联网和人工智能的升级换代方案。

让她深感欣慰的是公司自成立以来，解决了惠水、贵定两县3500人次的就业，其中，贫困人口占用工总数的30%以上，户均年增收4000元以上。

邓燔坚信，在现代科技的引领下，重新复兴中国的茶产业，在贵州，她可以做出自己的一点点贡献。

贵州茶产业发展促进各种赛事繁荣，给了许多人发展机会。

贵州茶艺比赛经常都能看到80后茶艺师覃玉。2006年，覃玉以优异的成绩考取华南农业大学茶学系茶叶加工与贸易专业。2008年，覃玉第一次参加了广东省茶艺职业技能大赛，斩获自己茶艺人生的第一个奖项——个人赛银奖。

2014年，母亲病重，覃玉回到家乡贵州。幸运的是，爱茶的她遇到贵州茶产业急速大发展。

覃玉在茶叶批发市场经营一家茶叶小店，后来又成立了工作室。2016年，覃玉到黔南惠水县的贵州盛华职业学院教授茶艺课程。年底，覃玉作为黔南代表参加了贵州省茶艺职业技能大赛获得银奖，并推优到全国参加第三届全国茶艺职业技能竞赛，从全国300余名顶尖的茶艺师中脱颖而出，夺得全国金奖。

舞台大了，能唱练坐打的表演更丰富。2017年开始，她参与组织实施了贵州省内大型茶事推广活动“贵州绿茶全民冲泡大赛”“石阡苔茶形象大使选拔赛”等。

覃玉创立了贵州茶先乐茶文化有限公司，汇集贵州省内权威的茶学专家，打造茶艺、评茶、茶加工三方面的专业培训平台。培养的学员多次获得省内各种比赛荣誉，其中有贵州冲泡首届、第五届的金奖，2017“多彩贵州 黔茶飘香”茶艺师职业技能竞赛个人赛金奖等。

2017年11月，在中国茶叶学会主办的“2017中国茶业科技年会”上，覃玉获得“全国技术能手”称号。她忍不住激动地感谢道：“很高兴，我们遇到了贵州大力发展茶产业的好时代。加油，贵州茶。”

与她相似的还有湖南农业大学茶学系研究生毕业师从刘仲华的龚雪。当年龚雪的妈妈看到录取通知书专业写的是茶学顿时泪崩：不知道学这样冷僻的专业闺女日后工作怎么办。毕业后龚雪从贵州省茶科所到贵州省茶办再到贵阳市茶办，一路随着贵州茶产业“发光发热”。胆子原本很小的她在机遇面前成长很快，成了贵州各种大型茶事活动的“当家主持”。

有些人偶然被引入门，从此一发不可收拾……

2008年11月，供职于广州宝洁公司的李亚轶受朋友邀约到北京茶博会参观。原本以为就是一次偶然平淡的观展，没想到心灵受到了前所未有的震撼。

茶博会上，全国绿茶14项金奖，11个金奖花落贵州。

同年12月，广州茶博会开幕，无人邀约，李亚轶赶往广州。这一次，全国绿茶14项金奖，贵州绿茶悉数收入囊中。

作为一名贵州人，一年亲眼见证贵州绿茶在全国抱回25个金奖，直击心灵。李亚轶决意投身贵州茶产业。

2009年1月3日，李亚轶在贵阳南明河畔的阳明路开起了盛黔茶行，意思再直白不过：盛世黔茶行天下。

他学茶爱茶的努力深深感染了妻子杜青。为给丈夫提供更多专业知识的支撑，杜青多次赴中茶所学习，并取得了国家二级茶艺技师和国家一级评茶师资质。

在微信朋友圈，李亚轶可能是给妻子外出学茶点赞最快最不吝赞美的丈夫，羡煞旁人。

2016年，位于贵阳多彩贵州城的黔茶锦舍开门迎客，以十块钱一杯大众

◆杜青正在教女儿泡茶

好茶为特色，开辟贵州茶道人生。他们思维活跃，总是别出心裁阐释对茶的感悟，是一股生猛的力量。

这个产业也吸引了不少 90 后人才投身其中，“茶二代”的出现更让贵州茶产业的故事韵味悠长……

王文超的父亲王绍礼在 1994 年创办了茶厂“侗乡福”。这个家庭作坊式的小工厂到 2007 年贵州茶产业大发展时组建成侗乡福茶业有限公司。

从小在茶山里长大，王文超曾经一直在思考这样几个问题：贫穷好像并未因为村民们的勤劳而发生了改变；大量的外出务工者他们换回来的并不是想象中的幸福生活，而是一代又一代的务工者；绿水青山和干净的空气应该是 21 世纪最珍贵的东西，但它们却未曾让我们骄傲。

王文超觉得根子在必须创新以散茶批发为主的传统企业销售模式。2009 年初秋，正念贵州民族大学电视编导专业二年级的王文超跟父母要了 20 斤茶叶回到学校，在寝室里倒腾起了自己的网店。

◆王文超在大学期间开启『茶二代』模式：电商销售茶

◆孙亮民在活动上泡茶

小王正好赶上了电商快速发展的好时机。网店销售一斤100元左右的黎平香茶。到毕业时，他的网店一年能销售几十万元的茶叶。

小王的团队从3个大学生变成7个。2016年，他们在天猫、淘宝、京东三大电商平台上，完成了680万元的销售收入，光是“双十一”就卖出了89万元的茶叶。2017年，黎平香茶销售额达700余万。虽然贵州茶叶的占比在电商销售中并不高，但王文超始终相信，庞大的产业规模和得天独厚的生态环境一定会成为未来贵州茶叶抢占互联网市场最强大和最有利的资源优势。

同为“茶二代”的孙亮民从小非常不喜欢茶：费半天劲儿挣不了几个钱。他父亲孙德礼一手创下凤冈仙人岭茶业，在贵州茶界算是名震一方。

孙亮民上大学选的专业是体育。入学第一年从吊环上摔下来，外踝骨折内踝粉碎，做了手术，回家休养数月。

老孙拉小孙详谈了一夜的创业艰难。父亲告诉小孙，你眼前的小洋房小汽车全都是历尽千辛万苦靠茶产业发展才成就的。现在脚下这片土地就是贵州省茶产业发展的示范和缩影。

父亲语重心长告诫儿子：做人要对家乡发展有浓厚的责任感。我们一手创建的仙人岭公司还得继续做好市场，实现更大的价值，希望你能继续去创造，去拼搏，坚持走有机，做干净茶，做干净人，给更多人送去健康，开拓新市场，让更多老百姓增收。

于是，小孙重新调整了人生方向：退学备考一年进入贵州大学，积极参与与茶有关的茶事活动。节假日，远赴北京、上海、山东、山西，以及广州、深圳等地参加茶博会和各大展会。大学毕业回到仙人岭公司，管理基地茶园，担任车间主任，传承手工茶制作、机制茶制作创新，去茶旅商务部推广茶旅一体。

十年汇聚的浩浩荡荡的人才使得贵州做到了很多第一：正安县白茶种植面积全国第一，黎平县香茶种植面积全国第一，贵州人种下世界海拔最高的茶今日蓬勃生机……

有喜必有忧。

十年征程，唱衰也一直如影随形。

“贵州茶产业发展的过程，是一个挤别人市场、动别人奶酪的过程。如果我们用传统的标准来衡量贵州茶产业，可能浑身上下都是毛病。不可否认，贵州茶产业发展太快，发展中的问题确实很多，但发展中的问题并不像一些人认为的那样可怕，是完全可以通过发展来解决和克服的。我们选择并坚持了一条适合自己的正确的发展路径，做的是大产业，必须为大市场服务。”时任贵州省政协主席王富玉在2017年秋季斗茶赛上这样阐释道。

从几百万年前那粒贵州晴隆的四球古茶茶籽无意中成为地球的记忆开始，也许贵州茶这幕历史连续剧就已经开始，只是剧情发展缓慢偶有高潮而已。

到今日，十年的攀爬，成就了贵州茶历史“巅峰时刻”。

没有遇到行业发展“波峰”是什么感受呢?

被称为当代京剧女老生第一人的王佩瑜看电影《霸王别姬》。听到那句台词“是个人啊就得听戏，这猫啊狗啊就不用听戏”时，泪如雨下。京剧火的年代她没赶上，如果自己唱得不行也就罢了，偏偏还唱的那样出色。她能做的就是上综艺节目努力推广京剧。

历史会一直继续，作为浩瀚时间长河中的人类，一代又一代人，总有故事一直进行……

其中的功与过，好与坏，且留与后人评说。

后记

一路沧桑 一路歌

山一程，水一程。

风一更，雪一更。

从2009年初我作为贵州日报经济二部（农村部）记者接触贵州茶产业报道至今，快十年了。

2017年底，参加完省内外各种茶事活动，我们几位常年跑茶产业报道的“老战友”徐嘉民、李泉松和樊园芳探讨：贵州茶产业走过了整整十年路，不论其他，单就面积全国第一来说，已经创造了贵州茶历史，我们应该出一本书从媒体视角记录这段历程。

我主动请缨写这本书。

大约新闻记者会自带某种使命感吧。我们总是以“记录正在发生的历史”为荣。作为一位深受“客观公正”观念影响的记者，我想通过十年来新闻媒体的报道以及自己的亲历，留存一段贵州茶产业发展史，以供参考。

几经思考，数次修改，最终在某些章节我还是以“拼贴感”的形式，原文引用当年自己采写的新闻稿件，意图保留一些历史感，尽管这破坏了阅读的惯性。

写贵州茶十年历史，也有某种急迫感吧。在媒体转型的期间，要平心静气去写稿子，非常难。何况是一本书。2014年，我从传统媒体《贵州日

报》跳槽到刚成立的多彩贵州网。在新媒体世界晃荡的三年，一切正在发生的历史被网络“碎片化”，快得电光火石般来到眼前却又瞬间沉入茫茫深海中，仿佛不曾来过。不要说一段历史，就是一个热点爆点也瞬间“凉凉”。

可是，作为一位媒体人，总该坚如磐石地做点什么吧。

或者说，在喧嚣中，保持一份冷静思考吧。

写书这一年，我被问得最多的问题是“你怎么来评价贵州茶产业发展的这十年”？

有不少人直接怼：贵州茶产业到处都是漏洞，你还在树碑立传？

事实上，光是应不应该发展规模，至今都争论不休。

每当这时，也只是停下来微笑。对一位新闻记者来说，记录各种观点才更可能靠近更客观的表达。我们不必急着去做结论判断，思考留给每一位读者。

一位曾对贵州茶产业发展诸多不满的茶人去台湾交流茶道，回来无限感叹说自己平和了：原来有些问题是发展必经的，急不来。

所以，怎么评价这十年茶产业发展，不是本书关注的重点。对于一个产业来说，十年可能只是历史连续剧的一两集而已。

我更多关注如何来呈现这段历史。

十年，要说的事，要提及的人，太多。

我翻阅了《西部开发报·茶周刊》十年的合订本，啃了大量资料，又继续采访了一些相关人士。在贵州省茶办的帮助下，邀请了业界的专家一起对这本书内容先后三次进行了探讨。

前期资料准备就耗去了两个多月。这个时候，贵州茶资料的零碎让我更觉得系统记录贵州茶一段历史十分必要。

书中提及的人物可能未必都是大家“服气”的。但一个产业的聚合，是无数人的辛劳——能力强弱可能只是一时之分。这本书，试图反映众人拾柴火焰高的产业史，并非能人传。

很多认识我的人都以为我的报道范围只有一个：茶。其实，以前作为贵州日报农村部记者，茶也仅是我的报道范围中很小一部分。就报道而言，光种植业就有蔬菜、辣椒、薏仁米、核桃、药材……更何况养殖业猪牛羊……后来在多彩贵州网内容中心工作建立了黔茶频道，也只是在我工作中占比较小的部分。

何以十年来持续关注贵州茶，我想是因为这个产业非凡的活力推动着我不断深入挖掘。贵州茶产业有一群执拗梦想的人。他们十年如一日坚信茶产业是贵州农业产业革命有力的武器，必将成为中国茶产业华丽篇章。

与茶结缘纯属偶然。

回想 2009 年，我刚从云南大学文化产业研究院攻读完硕士学位回贵州日报（之前从贵州日报考出去），本来想去文艺部，却被分配到农村部成为一名机动记者。

一次被领导安排去茶区采访。

第一次去凤冈采访还没走进加工厂，闻到茶香，心生欢喜。更让我诧异的是，大家都攒足了劲要做好茶，从县里到茶农。这是我在其他农产业很少

看到的繁盛现象。

但做茶报道确实艰苦——茶当时在贵州省报道中也不算重大，刚开始并没有多少记者愿意去碰触。

茶区道阻且长……

来一回，去一回。

掠过一座座青黛色山梁子，世界仿佛荒凉到了尽头。

迎接你的可能只是山中一间破木屋和两三个精神抖擞的茶农。

大山中，人是唯一的精灵。几个月下来，管护茶山的城里人带着狗已身轻如燕，一天跑几个山头“杀时间”。

野猪夜半来串门，能让人忘记了恐惧，有种凡尘热闹之感。第二天，我和茶农兴奋又紧张地去数野猪的一个个脚印。

山隐隐，水迢迢。

茶区的生活清苦，肉食难得。

一次在茶区采访，茶农中午包了馄饨请我们吃。夹了一个吃，我和司机两个互看一眼：肉已经臭了。

山村里，鲜猪肉很难得，包馄饨是很高规格了。我们两个硬着头皮吃下去。车驮起我们还没下山，我扑在地上吐得天翻地覆。

吐完，我抬头对司机说：糟了，现在又饿得掏心掏肺。

司机一脸煞白吐完说，我现在也是。

一路掠过茶树荒山，什么都没有。

司机说，我们会不会饿死在半路上啊。

离县城还有一个半小时。

◆贵阳美丽的茶空间越来越多

进了县城，路边有个卤菜摊，人很多，

老板忙得不可开交。我跳下越野车，伸手抓起鸡腿便啃。大约被我们狼吞虎咽“震慑”了，老板只看了一眼便淡定地低头切菜。

寂寂的茶区却时常让你非常感动。

如果你没有在深山的茶区行走过，不会知道一天几十块钱对那些老农是多么重要。他们没有其他技能，头发稀少牙齿快掉光，孤独地守着一栋房子。年迈尚能自食其力让他们有尊严安然活在山中。笑得特别痛快。

如果你没有看过年轻妈妈带着宝贝们采茶，你体会不了寂寞的深山中笑声有多打动人心。孩子们吃着粑粑，啃着甘蔗，在妈妈周围唱唱跳跳。妈妈宝贝都是幸福的。

贵州茶产业，是深山中的活力，情愫，理想。外出务工者在人海茫茫的大城市，不过是沧海一粟。在家乡的茶园里，是帮扶父老乡亲的“明星”，是家庭温暖的“主力军”。

毕竟，很多人都会追问生命的意义……哪怕嚷着“人间不值得”。

在这期间，我也顺理成章从当初的“长裙长发”文艺女青年被改造为茶区“邋邋遢遢铮铮铁骨女汉子”——戴个帽子足蹬高帮皮鞋提起设备一个箭步从越野车跳下来。

贵州茶山高，山上山下温差大，有时突然一阵瓢泼大雨，相邻县的气温差也很大。为此，我发明了“春夏秋”裹作一身的“洋葱式”穿法。山下穿“夏”——短袖，山顶裹“冬”——厚外套，县城里则一件单衣算作春天。

茶农们对《贵州日报》记者总是有很高期待的，常常泡了新制的茶请我品鉴。我一向以饮料为生，从不喝茶。一群茶农坐在院坝里真诚地看着我，等待意见。我猛喝了几口，搜肠刮肚稍微专业一点的评论却一无所获，只得说：这茶，嗯，好像我走在小溪里被石头绊了一脚。后来，我才知道专业名词叫“锁喉”。

逼得我回贵阳后不断学习品茶，最后天天离不开茶。

十年来，除了报道外，我当过贵州省斗茶赛和“贵州冲泡”大赛的大众评委，做过“石阡苔茶形象大使评选”评委，组织赠送贵州茶园给省外重点新闻网站活动，策划全国网媒贵州茶香行……

茶，已经融入我的生活。在很多场合，我不是作为一名记者站起来推广贵州茶，而是作为一位贵州人骄傲地宣传展示贵州茶的魅力。2017 年制作第三季《贵州冲泡》，我在编前语里写下的第一句话便是：“侠之大者为国为民”。

平凡人应该有不平凡的情怀。

如果走遍千山万水，却对脚下这片土地风物毫无了知无动于衷，我觉得是一种遗憾吧。

作为一名记者，我是自豪和幸运的，能成为贵州茶创造历史的参与者和记录者。

真诚感谢这些朋友对本书的帮助：王丽军、雷睿勇、徐嘉民、李泉松、樊园芳、杨启林、董瑶、任洲麒、罗萍、孟祥帅、杨昌鼎。

（说明：书中使用的有些照片因未联系到作者，未能及时商谈稿酬事宜，请相关作者见到本说明后，与本书作者联系。）